金融科技与监管科技

谢 平 刘海二 著

中国金融出版社

责任编辑：吕　楠
责任校对：孙　蕊
责任印制：丁淮宾

图书在版编目（CIP）数据

金融科技与监管科技/谢平，刘海二著．—北京：中国金融出版社，
2019.9

ISBN 978 - 7 - 5220 - 0202 - 6

Ⅰ.①金…　Ⅱ.①谢…　②刘…　Ⅲ.①金融—科学技术—金融监管
Ⅳ.①F830

中国版本图书馆 CIP 数据核字（2019）第 156882 号

金融科技与监管科技

Jinrong Keji yu Jianguan Keji

出版
发行　**中国金融出版社**

社址　北京市丰台区益泽路 2 号
市场开发部　（010）63266347，63805472，63439533（传真）
网 上 书 店　http：//www. chinafph. com
　　　　　　　（010）63286832，63365686（传真）
读者服务部　（010）66070833，62568380
邮编　100071
经销　新华书店
印刷　保利达印务有限公司
尺寸　169 毫米×239 毫米
印张　11.25
字数　182 千
版次　2019 年 9 月第 1 版
印次　2019 年 9 月第 1 次印刷
定价　78.00 元
ISBN 978 - 7 - 5220 - 0202 - 6
如出现印装错误本社负责调换　联系电话(010)63263947

目　录

基础篇

金融科技应用篇

监管与监管科技篇

基础篇

第一章 引 言

万建华在《金融 e 时代》一书中指出，信息技术与金融业实际上是"同源"的，它们有着相同的基因——"数字"①。正因为二者"同源"，金融活动表现出对信息技术很强的依赖性，而信息技术又一直驱动着金融业不断发展和金融行业格局的改变，信息技术不仅能够引起金融创新，产生新的金融工具和交易方式，而且还可能影响现有的金融模式，比如互联网的发展引致的金融业去中心化，引发的市场对金融机构的替代以及无形市场对有形市场的替代。

随着信息技术和金融业的发展，二者逐渐融为一体，可以说，没有信息技术，就没有现代金融业。近几十年的金融创新，无不与信息技术有关，信息技术对于金融业具有举足轻重的作用。

一、信息技术在金融业中的应用

金融业的几次信息化革命，一开始主要运用到银行业，主要表现在银行内部的账务处理、银行间的互联、银行与客户之间的交互等方面，与此同时，促进了银行业新产品的出现，比如信用卡、ATM、电话银行、网上银行、手机银行等。后来，随着金融业内部的专业化分工，信息技术又逐渐运用到保险、证券、基金、支付等领域，而金融业的支付清算与信息技术的联系最为紧密，支付清算先后经历了电报、计算机与互联网等阶段，金融业的支付清算的演变过程本身就是一部信息技术史，这主要源于人们对支付清算效率的要求。总之，信息技术在金融业中无处不在，已经广泛渗透到金融业的各个领域。

---

① 万建华：《金融 e 时代》，中信出版社，2013。

（一）信息技术在银行业中的应用

世界上第一台计算机在诞生之时又重又笨，当时没人能想到信息技术能够运用到金融领域。20 世纪 60 年代，信息技术开始引入银行业务中，自 IBM 公司的 702 型计算机首次被安装到美洲银行以来，各种类型的计算机不断被引入金融业，在第一阶段，银行主要运用信息技术来辅助和支持业务发展，比如数据保存、财务集中处理等，主要是实行办公自动化，即手工操作向计算机处理转变，但当时信息技术还不够发达，银行信息系统分散而封闭。在第二阶段，信息技术的快速发展与成本的大幅降低，为银行业广泛应用信息技术提供了有利的条件，这一阶段银行实现了联网实时交易，同时，内部网络电子银行开始兴起，出现了 POS 机、ATM 等。在第三阶段，以 1995 年 10 月美国第一家网络银行——安全第一网络银行（Security First Network Bank，SFNB）的诞生为标志，出现了网络银行、电话银行、手机银行和电视银行等新型服务渠道，客户可以在任何时间、任何地点，以任何方式获得银行服务。这一阶段的创新使银行业务发生了革命性变革，突破了银行、保险、证券之间的分业限制，使金融业不断融合。银行业务发展，反过来又增加了对信息技术的需求，出现了大量 IT 外包活动。

近年来，随着大数据的兴起，云计算、量子计算、数据挖掘、人工智能等技术在金融业中得到广泛应用，使得银行业具备了数据的储存、搜集以及分析处理能力，出现了完全基于"互联网基因"的直销银行、网络银行等，比如网商银行、微众银行，其全部采取网络化经营，坚守"小存小贷"，利用大数据技术来为小微企业、个人消费者提供金融服务。

总之，信息技术逐渐运用到商业银行的各个领域，比如，支付清算、产品设计、自动柜员机、零售终端、银行卡、智能卡、业务办理、网络银行、手机银行、直销银行、智慧银行等。商业银行利用计算机提高业务处理效率、改善服务水平，并由此引致许多新型金融产品的出现。如今，信息技术已贯穿于商业银行的各个环节，并表现出强烈的移动化趋势。

（二）信息技术在证券业中的应用

曾几何时，穿着红马甲的交易员，做着各种手势，争分夺秒地打电话和下订单，成了证券交易所里的一道风景线。信息技术的发展使得这一切成为历史，以前通过电话和传真委托的交易，现在都可以通过网上交易系统来完成。证券公司的交易大厅也逐渐被网上交易所取代。1992 年，美国

E-Trade 公司推出了网上证券交易，这是一家纯粹的网络证券经纪公司，之后，网上证券交易业务蓬勃发展。

我国证券业尽管发展较晚，但信息技术对其的影响非常深远，先后经历了集中交易、网上交易、手机证券等阶段。一是集中交易，这一阶段的标志是 1990 年 12 月上海证券交易所和 1991 年 7 月深圳证券交易所的开业。二是网上交易，这一阶段的标志是 1997 年 3 月华融信托投资公司湛江营业部推出的网上交易系统。三是手机证券，这一阶段代表证券交易进入了可移动时代，人们可以在任何时间任何地点获得证券服务。

现在大多数客户都习惯于网上交易，开户后下载一个简单的交易软件，就可以在家炒股，并且随着人工智能的发展，出现了智能投顾，未来，电脑还可能在多数领域取代人脑进行决策。

（三）信息技术在保险业中的应用

信息技术最初在保险领域的应用主要是保险产品电子化，即电子保单，同时，保险销售也部分电子化了，主要是网络营销和电话销售等。比如，英国 10 家最大的车险公司都有自己的电话销售系统，1/3 的私人汽车保险业务是通过电话系统完成的。随着信息技术的发展，保险产品的电子商务平台也被逐渐开发出来，提高了客户的自助能力，同时也加强了保险公司和客户之间的联系，如在线交易、金融规划、在线报价和信息共享等。

一些保险公司网上保险的业务量已经发展到一定规模，出现了一些纯粹的互联网保险公司。1999 年 7 月，日本出现首家完全通过互联网推销保险业务的保险公司。这家保险公司由总部位于美国的艾夫莱克（AFLAC）公司和日本电信共同投资设立和管理，服务对象定位于 40 岁以下的客户。美国 INSWEB 公司是目前全球最大的保险电子商务站点，在业界有着非常高的声誉，被福布斯称为网上最优秀站点，该网站涵盖了从汽车、房屋、医疗、人寿甚至宠物保险在内的非常广泛的保险业务范围，是名副其实的网络保险超市。

我国网上保险仍处于初级阶段。大多数保险公司只是建立了自己的门户网站，而网上销售和网上交易基本还不够普遍，但近年发展迅速。虽然 2000 年平安公司推出了货运险网上交易系统，但我国保险业的信息化水平还远远不够。2012 年 6 月 19 日放心保成功上线，兼具 B2B 和 B2C 交易模式，属于网上保险的一类，同时也是保险产品的第三方销售平台。2013 年，阿里巴巴、中国平安和腾讯联合设立的众安在线财产保险公司，突破国内现有保险营销模式，以互联网销售和理赔取代实体分支机构，这是中国保险业在金融创新上的一次破冰，出现了完全意义上的互联网保险。此外，我国还出现了网络保险支持平台，如中国保险网、易宝网等。

二、金融业的移动化趋势

金融业的移动化趋势，又被称为移动金融。移动金融是一个比较宽泛的概念，泛指通过移动终端，利用移动互联网技术，实现金融机构与客户、客户与客户的交互、金融机构与客户的交互等，目前，移动金融的形态主要有移动支付、移动理财、移动借贷、移动金融信息服务等。未来，随着技术的发展，金融业可能会突破时空的限制，届时，每个人手中都有一部手机等移动终端，产品设计、产品定价、产品销售、风险管理和信息处理，完全可以在每个人的手上完成，以移动互联网为代表的现代信息技术，将会对现有金融格局产生根本影响。

移动金融具有可定位、可摄像、可识别等特征，并且能够随时随地提供各种金融服务（在任何碎片化时间，无论是在地铁上，还是躺在床上，甚至是上厕所，人们只需动动手指，就可享受到金融服务），这是其区别于其他金融业态的主要特征（网上银行只是突破了时间的限制，没有完全突破地点的限制）。

移动金融依赖的介质包括一切可移动的设备，主要有手机、iPad、汽车、无线 POS 机、智能手表（比如苹果的 iWatch）、眼镜、戒指、衣服、工牌、笔、身份证，甚至可能是人体的某一部位，或者是以上移动介质的组合。

第二章　金融科技的理论争鸣①

一、金融科技这一概念的来源与混沌

国内于 2012 年开始出现"互联网金融"这一概念（谢平、邹传伟、刘海二，2012）②，但是英文并没有相应的专有名词与之相对应，只是国内一些作者在将中文翻译成英文时使用"Internet Finance"。2014 年，金融科技（Financial Technology，FinTech）一词开始出现，其内涵与国内的互联网金融一词大致相同。直到一些创业企业使用互联网技术，运用大数据、人工智能以及区块链等技术来开展金融业务或者金融信息服务，尤其是智能投顾的发展以及区块链技术在金融领域的应用，使得 FinTech 开始流传开来，国内将其翻译成金融科技。

金融稳定理事会（FSB）对"金融科技"进行了初步定义，金融科技是指技术带来的金融创新，它能创造新的业务模式、应用、流程或产品，从而对金融市场、金融机构或金融服务的提供方式产生重大影响。根据 FSB 的定义，似乎金融科技比互联网金融的内涵更加广泛。

（一）金融科技与互联网金融

金融科技的内涵和外延比互联网金融更加宽泛，可以将其理解为互联网金融的迭代版本③。现实中，与金融科技相关的概念"五花八门"，有的称其为数字金融，有的称其为"互联网 + 金融"。

数字金融侧重于金融的数字化，主要包括 P2P 网络借贷、互联网众筹、数字货币、移动支付等。金融科技主要包括互联网、大数据、云计算、区

---

① 本章主要观点载于《经济学家》，2015（5）。
② 谢平、邹传伟、刘海二：《互联网金融模式研究》，载《新金融评论》，2012（1）。
③ 本章第二、第三、第四部分我们用互联网金融代替金融科技。

块链、人工智能等金融科技的市场基础设施，以及金融与科技相结合而形成的新的金融业态，比如移动支付、股权众筹、网络借贷、数字货币等，是科技与金融结合形成的一种"化学反应"，强调金融的连接功能。众所周知，金融的核心功能是不确定条件下资金供求双方的匹配，以及与之相关的权利的界定和转移（权利的载体是金融契约），要实现这一目的，必然需要借助互联网的连接功能以及其他信息技术，金融科技契合金融的理论定义和现实发展。"互联网＋金融"来源于政府工作报告中的"互联网＋"这一概念，是一个比较宽泛的概念，强调互联网在金融业中的运用，强调互联网对传统金融的改造，而不是一种"根本性"变革，是一种"物理反应"，而非"化学反应"。

（二）金融科技与科技金融

现实中，人们常常将科技金融理解成与金融科技相对应的概念，认为科技金融强调金融，金融科技强调科技。实际上，在国内，科技金融[①]是一个专有名词，有其固有含义，科技金融是指促进科技开发、成果转化和高新技术产业发展的一系列金融工具、金融制度、金融政策与金融服务的系统性、创新性安排。从其定义我们可以看出，科技金融与金融科技完全是两个不同定义空间里的词汇，不能将二者混为一谈。

（三）金融科技与移动金融

移动金融从另外一个维度延展了金融科技的内涵，泛指通过移动终端，利用移动互联网技术，实现金融机构与客户、客户与客户等的交互。目前，移动金融主要表现为金融机构与客户的交互，未来，随着技术的发展，金融业可能会突破时空的限制，做到去中介化，届时，移动金融更多的是客户与客户之间的交互[②]。

---

① 深圳市科技局于1993年初在国内首次提出了"科技金融"的概念，但并未厘清科技金融的内涵，其大致表现为"科技与金融"的缩写。1993年下半年，中国科技金融促进会成立，科技金融开始作为一个独立的词汇正式出现。随后，科技金融一词开始在报纸、期刊、政府通知、官员报告中频繁出现。

② 具体见第一章。

二、关于互联网金融是否是新金融模式的争论

互联网金融是否是一种新金融模式，学界还没有定论，主要呈现出两种观点：一种观点认为，互联网金融使得金融功能的效率大大提高，交易可能性边界得以拓展，互联网金融将会改变人类的金融模式，互联网本身可以理解为一种金融市场，能够实现去中介化，是一种新金融模式（谢平、邹传伟，2012；谢平、邹传伟、刘海二，2014a；吴晓求，2014a，2014b；曹凤岐，2015）[①]；另一种观点认为，互联网金融是通过互联网来运作的金融业务，互联网只是一种技术手段，表现为互联网企业介入金融行业所开展的业务，也包括金融行业利用互联网来开展业务，互联网金融只是金融销售和获取渠道上的创新，即将金融活动从线下转到线上（杨凯生，2013；陈志武，2014；殷剑峰，2014，王国刚，2014）[②]。

在互联网时代，金融的核心功能仍然是资源配置（金融功能具有稳定性，很少随时间和空间的变化而变化）。目前，实现这一功能主要有三种途径，一是通过传统的金融机构，主要是银行等间接融资；二是通过传统的金融市场，主要是通过各种交易所的直接融资，我们把传统金融机构和传统金融市场统称为传统金融；三是通过互联网或移动互联网，即互联网金融。未来，可能出现传统金融机构、传统金融市场、互联网（移动互联网）市场并存的局面。而影响资源配置效率的主要因素是交易费用，传统金融和互联网金融都能够在一定程度上节约交易费用，因此，二者能够在一个维度下共存（即体现为互补关系）。互联网和移动互联网的诞生，能够最大化降低交易费用[③]，表现为：互联网金融不受时空的限制，互联网能够替代传统金融中介和市场中的物理网点和人工服务，能够大幅降低客户的参与

---

① 谢平、邹传伟、刘海二：《互联网金融手册》，中国人民大学出版社，2014。

吴晓求：《中国金融的深度变革与互联网金融》，载《财贸经济》，2014（1）。

吴晓求：《互联网金融的逻辑》，载《中国金融》，2014（3）。

曹凤岐：《互联网金融对传统金融的挑战》，载《金融论坛》，2015（1）。

② 杨凯生：《关于互联网金融的几点看法》，第一财经日报，2013-10-10。

陈志武：《互联网金融到底有多新？》，经济观察报，2014-1-6。

殷剑峰：《"互联网金融"的神话和现实》，上海证券报，2014-4-22。

王国刚：《从互联网金融看我国金融体系改革新趋势》，载《红旗文稿》，2014（8）。

③ 当然，我们不能把现实中打着互联网金融旗号进行坑蒙拐骗的机构与真正的互联网金融混为一谈。

成本、搜寻和匹配成本，拓展交易边界，实现去中介化，从而使得互联网金融比传统金融更具有生命力。所以，在未来，互联网（移动互联网）这一直接市场将会快速崛起，并对传统金融具有一定的替代作用。

虽然互联网金融的本质还是金融，但是互联网与金融的结合，已经大幅改变了金融的实现形式，这种改变或许是一种根本性的改变。一些持怀疑态度的学者认为，互联网金融只是把线下的金融活动搬到线上，比如网上转账、网上开户、网上理财等，这只是互联网对金融产品销售的影响，不是一种根本性变革。实则不然，马克思曾指出，历史上，生产关系的每一次变革，都是由生产力的发展引起的，人类历史上三次工业革命对人类生产领域和社会关系产生根本性变革，即是明证，比如，第二次工业革命主要是电力的广泛应用，有了电之后，我们用电灯取代煤油灯，用电作为动力来进行生产生活，已经从根本上改变了人类的行为模式和生活方式。同理，互联网、物联网、云计算、量子通信、3D 打印、大数据等技术在金融中的广泛应用，将从根本上改革金融交易的组织形式，比如，改变金融交易的活动范围、方式和模式，改变金融产品的生产方式等，还有可能会模糊金融产品的生产和销售边界。因此，不能把互联网金融简单理解为是将金融活动从线下搬到线上。

三、关于互联网金融是否推动金融发展的争论

关于互联网金融是否推动金融发展，主要关注如下两个方面：第一，是否推动金融理论的发展；第二，是否推动金融实践的发展，主要指金融普惠、金融改革等方面。有关互联网金融是否推动金融发展的争议是与互联网金融是否是一种新金融模式紧密相连的，如果认为互联网金融是一种新的金融模式，大多数人会认为互联网金融推动了金融理论的发展，反之则相反。

一种观点认为，互联网金融深化了金融发展，比如张晓朴、朱太辉（2014）认为，互联网金融深化并拓展了默顿的金融功能理论[①]，金融的传统功能主要表现为：一是为商品、服务和资产交易提供支付和结算系统；二是分割股份和筹集大规模资金；三是在时间和空间上转移配置经济资源；

---

① 张晓朴、朱太辉：《互联网金融将推动金融理论发展创新》，中国金融四十人论坛内部交流论文，2014。

四是管理不确定性和控制风险；五是提供价格信息和促进不同部门的分散决策；六是处理信息不对称和激励问题（Bodie 和 Merton，2000）①。互联网金融不仅丰富了金融的上述功能，还拓展了金融的"社会功能"，表现为：通过金融普惠，实现创造机会、改善公平、减少贫困、缩小收入差距等社会功能。这是因为互联网金融摆脱了时空的限制，提高了金融服务的覆盖面和可获得性，在低成本条件下对客户在金融服务方面的需求和偏好进行分析，提供标准化的金融服务，将金融服务扩展到了普通的社会大众（范文仲，2014）②。互联网金融降低了实体经济的融资成本（田国强，2014）③。此外，还有一部分学者认为，互联网金融的发展能够倒逼中国的金融改革，推动了利率市场化，提升金融服务实体经济的水平（王达，2014；饶越，2014；周源，2014）④。另一种观点认为，互联网金融并没有推动金融发展。陈志武（2014）⑤ 认为，互联网金融不是新金融，其本质还是金融契约的交易；互联网金融与银行等间接融资、资本市场等直接融资没有本质区别；互联网金融没有解决金融跨期交易的信息不对称问题，互联网只能解决便利问题，而无法解决信任问题。互联网金融对金融实践的影响，也仅仅是渠道上的创新、便利了交易，在一定程度上提高了交易的频率，并没有为金融的理论和实践带来新的元素。此外，还有部分学者认为，互联网金融快速发展的原因是我国金融制度存在的一些缺陷，是一种监管套利。互联网金融是一种金融空转的套利行为，不但没有为实体经济带来好处，还提高了实体经济的融资成本（黄明皓、张明，2014）⑥。

我们认为，互联网金融的诞生，丰富了金融理论。随着互联网技术的发展和征信体系的完善，未来的金融模式可能实现去中介化（至少是中介与无中介并存），这一新型的金融模式本身就丰富了金融理论，丰富了金融理论的内涵，同时也丰富了金融理论的研究方法，比如，传统金融重视因果分析，互联网金融重视通过大数据的行为分析（相关分析）。互联网金融丰富了人们对金融机构和金融市场的理解，互联网本身可以理解为一个金

① BODIE, ZVI, and ROBERT MERTON, Finance ［M］. Prentice‐Hall Inc.，2000.

② 范文仲：《互联网对金融的革命性影响》，载《中国金融》，2014（24）。

③ 田国强：《互联网金融创新与中国经济发展驱动切换》，载《探索与争鸣》，2014（12）。

④ 王达：《美国互联网金融的发展及其影响》，载《世界经济研究》，2014（12）。

饶越：《互联网金融的实际运行与监管体系催生》，载《改革》，2014（3）。

周源：《互联网金融的普惠特征》，载《中国金融》，2014（8）。

⑤ 陈志武：《互联网金融到底有多新?》，经济观察报，2014‐1‐6。

⑥ 黄明皓、张明：《余额宝对传统金融的冲击》，载《中国金融》，2014（8）。

融市场。互联网金融丰富了货币政策理论，比如，数字加密货币这种新型货币的产生，使得人人都可以成为货币发行主体，使得货币的供给是自适应过程。在未来的一定时期内，私人货币与法定货币可能会并存，而私人货币与中央银行集中统一发行的法定货币有着本质区别，这将对传统的货币政策理论产生巨大冲击，比如，改变货币需求的形式，加速货币的流转，扩大货币的供给主体，降低中央银行货币控制的有效性（谢平、刘海二，2013）[1]。

互联网金融的出现，还丰富了金融的外延，表现为互联网金融形态的不断涌现，主要是数字加密货币（互联网货币）、P2P 网络贷款、众筹融资等。此外，互联网金融推动了支付体系的创新，出现了各种移动支付形式，比如，二维码、条形码、指纹、人脸、掌纹、光子、NFC、蓝牙等支付手段。互联网金融的诞生，也推动了金融机构账户的集成，比如，国泰君安证券公司推出的君弘一户通账户，部分商业银行推出的一户通账户等。总之，互联网金融的诞生，使人们更加重视技术引领的金融创新，在推动金融理论发展的同时，丰富了金融的实践。

通过信息技术，互联网金融能够以较低的成本服务于广大社会公众，促进金融普惠，实现金融的社会功能。互联网金融与日常生活紧密联系在一起，能够服务于实体经济（金融因素与非金融因素的融合），比如，微信红包、阿里的未来医院、高温险、京东白条等。再如，余额宝使得普通人也能够获得金融创新的红利。还如，真正意义上的 P2P 能够实现金融普惠，实现金融的社会功能，这是因为 P2P 可以突破交易成本的约束，使得 P2P 适合于解决小微贷款，完成跨区域贷款等短频快的金融交易，实现资金快速周转，P2P 在理论上可以成为信贷资源配置效率最高的市场，这是因为大部分小微企业在正规金融机构无法获取贷款，通过互联网金融获得贷款，虽然利率比正规金融机构高一点（实际上，正规金融机构的低利率是金融抑制的结果，而非真正的市场利率），但毕竟有胜于无（小微企业如果借高利贷的话，利率会更高，通过互联网金融来获取贷款是它们的理性选择）。

四、关于互联网金融如何进行监管的争论[2]

关于互联网金融监管的讨论，学界和业界基本上达成了一致意见，即

---

① 谢平、刘海二：《ICT、移动支付与电子货币》，载《金融研究》，2013（10）。
② 有关金融科技或者互联网金融的监管，本书在监管与监管科技篇会进行详细论述。

互联网金融需要接受监管（这是因为互联网金融在我国野蛮生长，风险频发，比如，P2P行业中各种跑路事件频发等）。争论的焦点主要集中在：互联网金融是否需要分类监管，即某些互联网金融形态可以交由行业组织来监管，某些互联网金融形态可以由监管部门来监管。

一种观点认为，互联网金融与传统金融的功能相差无几，应该接受与传统金融一样的监管（曹凤岐，2015）。杨凯生（2013）认为，为了促进互联网金融健康长远的发展，需要加强互联网金融的外部监管（即所有互联网金融形态都应该接受监管），并从融资类业务、支付清算类业务、投资理财类业务等方面具体分析了如何进行金融监管（都是必须接受监管部门的监管）。持上述观点的学者，没有考虑到互联网金融内部各形态之间的差异，对互联网金融监管的态度是"一刀切"。另一种观点认为，互联网金融与传统金融不同，互联网金融不同形态之间也各不相同，需要实行差异化的监管（刘越、徐超、于品显，2014；田光宁，2014；谢平、邹传伟、刘海二，2014b；沈晓晖、李继尊、冯晓岚，2014；陈林，2013）①。部分专家认为，金融监管要考虑成本和收益的关系，如果监管的成本过高，可能导致放弃监管，比如完全双边的P2P网络贷款（刘海二，2015；王达，2014）②。总之，互联网金融监管需要考虑各种不同互联网形态的差异性，需要权衡监管收益和监管成本的关系，需要合理权衡金融风险与金融创新之间的关系（黄震，2014）③。

我们认为，对互联网金融实施监管是必要的，但对互联网金融的监管要分类实施，不能一刀切。不能简单地将互联网金融拆分为"互联网"和"金融"两个部分，并利用传统监管手段对金融部分实施监管（彭岳，2016）④。但为了防止监管套利，需要进行功能监管，根据实质重于形式的原则，如果互联网金融从事了与传统金融相同的业务，就必须接受与传统金融机构相同的监管，即监管标准要统一。此外，考虑互联网金融形态的

① 刘越、徐超、于品显：《互联网金融：缘起、风险及其监管》，载《社会科学研究》，2014（3）。

谢平、邹传伟、刘海二：《互联网金融监管的必要性与核心原则》，载《国际金融研究》，2014（8）。

沈晓晖、李继尊、冯晓岚：《互联网金融的监管思路》，载《中国金融》，2014（8）。

陈林：《互联网金融发展与监管研究》，载《南方金融》，2013（11）。

② 刘海二：《互联网金融的风险与监管》，载《经济与管理研究》，2015（10）。

③ 黄震：《互联网金融法治化需新思维》，载《中国金融》，2014（12）。

④ 彭岳：《互联网金融监管理论争议的方法论考察》，载《中外法学》，2016（6）。

多样性和复杂性，对互联网金融的监管需要借助于信息技术，比如，利用大数据技术来检测互联网金融的风险，早发现，早介入，尤其是要通过信息技术来应对和发现可能出现的信息科技风险。

对互联网金融进行监管的核心是要实现以监管促进发展，而不是通过监管来扼杀金融创新，即金融监管要考虑成本和收益之间的关系。成本不仅包括直接的成本，还包括间接成本，比如，对金融创新的扼杀等。由于互联网金融的特殊性和复杂性，在降低信息不对称的同时，也导致了信息分散，具有非金融要素与金融要素的混合、匿名性和虚拟性等特征，隐蔽了监管者所需要的关键信息，使得监管部门搜集监管所需信息的成本过高，这时监管者的最优选择可能就是放弃监管。考虑到监管成本，监管者可能对系统性重要平台之外的部分市场主体放开准入，比如，对完全双边的 P2P 平台可以放弃监管，但要求 P2P 平台做到信息公开且充分及时，要求 P2P 平台对平台上的任何交易行为进行留痕，产生纠纷时平台有义务、无条件地提供任何数据。此外，还应该加强投资者教育，培养投资者的风险意识，进而更好地保护好投资者的利益。

对于互联网金融的监管，需要在明确各部门监管职责的基础上（目前，银保监会主要监管 P2P 网络贷款、网络银行等，证监会主要监管互联网股权众筹等，人民银行主要监管第三方支付、征信等），实现监管协调。互联网金融不仅仅能够模糊金融业内部各形态的交易边界，比如，余额宝实现了支付、货币、存款和投资的一体化，还能够模糊金融与非金融的边界，比如，微信红包。因此，对互联网金融的监管仅仅是"一行两会"的协调还远远不够，需要金融部门与非金融部门的协调行动，比如，"一行两会"与司法机关、工商局、工信部、发展改革委、商务部等协调行动。时机成熟时，整合各部门的监管职责，成立统一的监管部门，逐步从多头监管过渡到集中监管。此外，还需要做到自律监管与他律监管的统一。

第三章　金融科技对传统金融的影响

金融科技对传统金融的影响表现在诸多方面，比如，对个人贷款的影响方面，可以数据为基础，不需要抵押，而是运用大数据技术进行贷款审批，典型案例如微众银行、网商银行、百信银行等，实质是征信的货币化。再比如，对风险控制的影响方面，出现了智能风控，依赖人工智能技术计算出动态违约概率，减少对人工的依赖。本章重点论述金融科技对传统金融在如下三个方面的影响：一是金融科技对传统银行网点的影响：出现了无人柜台业务，零售业务实现全自动化管理，在农村，主要表现为手机银行＋代理商的无网点银行服务模式。二是金融科技对现金的影响：移动支付的发展，对现金具有替代作用，趋向无现金社会，但"无现金不是消灭现金，而是提供支付便利，最终将选择权交给用户"。三是金融科技对银行卡的影响：移动金融可能替代物理银行卡或者成为物理银行卡的重要补充，未来的银行卡更多的是虚拟银行卡，是观念上的银行卡。

一、金融科技对传统银行网点的影响

移动金融对传统银行网点的影响，主要表现为手机银行＋代理商的无网点银行服务[①]。无网点银行服务一般是指在传统银行网点之外，通过代理商或第三方中介机构作为与客户接触的主要渠道，并利用移动终端（如 POS 终端和手机）来发送交易细节（CGAP，2011）[②]。无网点银行模式可以在一

[①]　移动金融对传统银行网点的影响还表现在：移动金融的发展将改变传统银行网点，比如，招行的未来网点，未来网点重视客户的体验，重视客户与银行的交互，但具体的交易需要客户通过自助设备来完成。这里我们重点论述手机银行＋代理商的无网点银行服务，因为该模式对金融普惠意义重大。

[②]　CGAP. Global Standard-Setting Bodies and Financial Inclusion for the Poor: Toward Proportionate Standards and Guidance. Washington, D. C.：CGAP, 2011.

定程度上替代传统物理网点。

实际上，非现金业务客户可以直接通过手机等移动终端来完成，而无网点银行服务为什么还需要代理商配合？这主要是为了满足客户现金存取的需要。下面，我们重点分析几种无网点银行服务的模式，分析其如何实现现金存取。

（一）无网点银行服务的几种模式

1. 手机银行＋移动运营商代理商的现金存取模式

手机银行用户可使用银行发放的银行卡，或者是由移动运营商提供的手机银行虚拟账户；代理商可安装 POS 机设备，或者持有具有手机银行功能的手机。如果客户想在代理商处存款，只要刷一下手机，银行就会自动从代理商的账户中扣除等量金额，作为客户的存款资金。客户存入的现金则由代理商保留，以抵消其在银行/移动运营商账户中的扣款。如果客户希望提取现金，则流程相反。代理商先提供现金，银行或者移动运营商则会向代理商账户中补入相等金额。通过手机银行，客户获得相关金融服务的同时，免去了频繁往返银行的劳顿之苦。这种模式的典型代表是肯尼亚的M-PESA。

2. 手机银行＋银行代理商的现金存取模式

利用手机银行通过银行的代理商来实现现金取款，比如中国银行"手机取款"代理业务[①]，取款人无须开立中国银行账户。具体交易过程如下：汇款人登录中国银行手机银行，点击"手机取款"，输入取款人姓名、手机号码、汇款金额（单笔限额和日累计限额均为 2000 元）等信息，并发起一笔汇款交易，取款人仅凭汇款编号、取款密码，就可以到中国银行手机取款代理点取款[②]（代理点多为持续经营的超市）。取款时，代理点工作人员登录手机银行或网上银行核实相关交易信息后，银行会给取款人和代理点同时发送短信提示，取款人从代理点领取现金，中国银行则把等额资金转入代理点账户（这一过程和交易确认的过程同时进行）。为确保顺利取款，客户需要先电话联系代理点确认代理点有足够现金。

---

① 资料来源：http://www.boc.cn/。
② 申请成为代理商需具备以下两个基本条件：（1）申请人应为具有完全民事行为能力的自然人，需持有个人有效身份证件；（2）持有有效的工商行政管理机关核发的个体工商营业执照，申请人是业主。如无工商营业执照需提供以下证明材料：（1）可提供大型批发市场中固定经营场所、摊位证明；（2）可提供当地行政机关出具的加盖公章的经营证明。

巴西是银行代理的典型代表。布拉德斯科银行把邮政网点作为其代理商；联邦储蓄银行主要通过彩票投注站来代理政府津贴等业务；巴西银行和柠檬银行与超市、药店、小商店、加油站等代理商签署协议，通过其网点开展各种金融服务。银行向代理商提供 POS 机、电脑、网络设备、ATM 等设备，代理商接受培训后即可开展业务并会获得相应报酬①，而在其中，手机银行和 POS 机发挥了重要作用。这种模式现金存取款的基本原理，与手机银行＋移动运营商代理商的现金存取模式类似，这里不赘述。

3. 手机银行＋邮政的现金存取款模式

这种模式与手机银行＋银行代理商的现金取款模式的区别主要在于，邮政（代理商）的主要任务在于帮助投递取款通知单，客户本身不在邮政存取款。典型代表是邮政系统的手机银行按址汇款，实质也是通过手机银行取现。通过此功能，客户（需开通邮储银行的手机银行）可以按收款人提供的姓名和地址等信息，以投递取款通知单（邮储银行与邮政合作）的方式完成汇款。这项服务的意义在于，有些偏远地区的农民没有银行卡（金融账户），但按址汇款是适用的。这种模式如果要实现现金存款，则需要在邮储银行网点开立金融账户。

此外，中国邮政储蓄银行、农信社、农商行等推出的助农取款服务，也是通过代理商实现现金取款。

4. 手机银行＋ATM 的现金存取模式

手机银行＋ATM 的现金存取模式，在我国主要表现为手机银行无卡取现。这种模式目前在我国城市地区比较普遍，这是因为这种模式需要银行网点（包括自助银行网点）配合。

手机银行无卡取现首先由交通银行推出，此后大部分商业银行也推出了类似业务。持卡人事先要通过手机银行预约 ATM 取款。预约后，凭预约手机号码、预约号及预约银行卡的取款密码，即可实现无卡取款，而无须向 ATM 插入银行卡。持卡人不仅可以在本人忘记带卡（或银行卡遗失）时应急取现，还可以为远方急需现金的亲友提供便利的取款服务。更重要的是，这项服务使持卡人免予不法分子在 ATM 上设置盗卡装置等带来的潜在安全威胁。在这种模式下，如果要存款，直接在 ATM 上操作即可（但前提需要客户拥有金融账户，如果要向其他人汇款，也需要对方拥有金融账户）。

---

① CGAP. Technology Program Country Note：BRAZIL. 2010.

在这种模式下，手机的定位功能，可以帮助客户快速查找到附近的 ATM。此外，移动运营商推出的手机银行，也可以与银行等机构合作，推出无卡取现等功能，如肯尼亚的 M-PESA。

（二）肯尼亚 M-PESA[①]

M-PESA，是由 Vodafone[②] 在肯尼亚的合作伙伴 Safaricom 于 2007 年推出的。一开始，其主要是为了满足穷人汇款需要，发展到后来，可以通过其完成转账、汇款、取现、话费充值、付账、发工资和偿还贷款等业务。M-PESA 不仅能在国内汇款，在海外，也可以向 M-PESA 用户汇款。

M-PESA 的一大创新是可以向没有银行账户的客户汇款，可以通过代理商或者合作银行实现现金存取款。M-PESA 存取款的具体操作流程如下。

1. 操作流程

（1）存取款流程：代理商

如果客户是 M-PESA 注册用户，取款流程如下：查找附近的 M-PESA 代理商；确认代理商有足够的现金；向代理商出示你的手机号码和初始 ID；在 M-PESA 菜单上选择取款；输入代理商代码、取款金额和 PIN；选择提交，这时会弹出一个提示页面（在该页面至少停留 15 秒，才能进行下一步操作），需要客户核对取款金额、代理商等信息是否正确；点击确认后，系统会同时给客户和代理商发送短信提示；代理商向客户支付现金，客户在记录簿上签字确认，交易完成。

如果客户不是 M-PESA 注册用户，取款流程如下：查找附近的 M-PESA 代理商；确定代理商有足够的现金；向代理商出示你的手机号码和初始 ID；代理商输入客户短信中的"一次性代码"[③]；点击确认后，客户和代理商会收到交易确认的短信；代理商向客户支付现金，客户在记录簿上签字确认，交易完成。

M-PESA 存款流程比较简单，但前提是需要客户注册 M-PESA，具体流程如下：携带手机和初始 ID 到经授权的 M-PESA 代理商处；告诉代理商你

---

① 资料来源：http://www.safaricom.co.ke/。

② Vodafone（沃达丰集团股份有限公司）是跨国移动运营商。总部设在英国波克夏郡的纽布利（Newbury）及德国杜塞尔多夫，是全球最大的移动通信运营商之一，其网络直接覆盖 26 个国家，并在另外 31 个国家与其合作伙伴一起提供网络服务。

③ 向没有注册 M-PESA 的客户汇款，汇款完成后，对方会收到含有一次性代码（4 位数字）的短信，以此作为取款的凭证，如果对方没有收到短信或者不小心删除短信，可以拨打客服电话索取凭证或者要求重新发送短信。

的存款金额；代理商利用手机等移动终端，把相应金额的电子货币转入你的账户；发送交易确认的短信。

（2）取款流程：合作银行的 ATM

在合作银行 ATM 上取款，需要客户是 M-PESA 注册用户。目前，M-PESA 主要的合作银行有 Pesa Point、Equity Bank、Diamond Trust Bank、KCB、Family Bank、NIC Bank。

第一步，客户在手机上操作。（1）在 M-PESA 菜单上选择取款；（2）选择从 ATM 上取款；（3）输入代理商代码；（4）输入你的 M-PESA PIN。以上步骤完成后，你会收到一条含有 6 位数授权码的短信提醒。

第二步，客户在合作银行的 ATM 上操作。（1）在 ATM 上点击 M-PESA；（2）选择语言；（3）输入 6 位数的授权码；（4）输入你的 Safaricom 手机号码；（5）输入取款金额，完成取款。

2. 盈利模式

M-PESA 的主要盈利点来源于转账手续费，同时向汇款方和收款方收取。需要说明的是，M-PESA 账户最大余额为 10 万先令，每天转账不能超过 14 万先令，而每次不能超过 7 万先令。

账户查询和更换 PIN 号码也要收费，但账户注册、存款和通过 M-PESA 进行话费充值都免费。M-PESA 还收取一定的取现费，客户主要从代理商处取现，但 M-PESA 的代理商不受理 50 先令以下取现。

M-PESA 还打通了移动运营商和银行之间的通道，可以实现 M-PESA 账户和银行账户之间的转账，同时也可以通过银行的 ATM 取现，但取现要收取一定的手续费。

M-PESA 在支付、现金存取款等业务的基础上，与银行合作，推出了 M-Shwari 等信贷产品，通过信贷产品获取一定的收益。

3. 主要优势

（1）规避了金融监管。M-PESA 的虚拟账户设计使其不属于肯尼亚法律下的银行活动，因此 Safaricom 可以根据自己的商业判断选择代理商，Safaricom 和 Vodafone 不对代理商的经营负责。M-PESA 客户协议规定，Safaricom 对代理商提供 M-PESA 服务项目中出现的问题不承担任何责任。对 M-PESA 这种由非银行机构主导的无网点银行服务，监管部门除了要求把客户储值的资金存入多家银行外，基本上没有什么严格监管。

（2）实现了现金存取业务。M-PESA 引入了邮局、药店、超市等代理商，通过它们来提供现金业务，满足了肯尼亚民众汇款的需要（肯尼亚银行系统不发达，民众大多没有银行账户）。

（3）方便快捷、兼容性强。客户可以不用下载移动应用程序，操作方便快捷，其系统以非结构化补充业务数据的代码为基础，可以应用于每个能发短信的手机，这大大拓展了其使用范围（肯尼亚网络基础设施还不发达，很多手机还不能上网）。

（4）移动运营商的作用举足轻重。移动运营商在农村地区网点（代理商）多，新增业务所带来的边际成本低，因此，移动运营商有动力来推广M-PESA。

4. 主要劣势

（1）安全性较差。M-PESA 的终端大多为山寨手机，手机安全性较差，通过这种手机进行金融活动容易受到攻击，存在一定的操作风险。

（2）存在交易延迟。技术问题可能导致交易延迟，在某些情况下延迟可能会持续一整天的时间。

（3）交易费用较高。M-PESA 同时向汇款方和收款方收取手续费，但有胜于无，与落后的银行系统相比，M-PESA 具有一定的比较优势。

二、金融科技对现金货币形态的影响

金融科技对现金货币形态的一个重要影响是货币数字化。货币数字化既是金融科技快速发展的前提条件，又是金融科技发展的客观结果，加之移动支付的配合，这种客观结果在一定程度上就替代了现金。

（一）货币形态的发展演变

货币形态的演变经历了商品货币、贵金属货币、代用货币和信用货币，当今社会处于信用货币时代，主要表现为纸币和一部分数字货币。与此同时，支付方式也随货币形态的演变而不断演变，经历了实物商品（比如牛、羊、铁、贝壳）、贵金属（比如金、银）、保管凭条、现金、银行卡、支票、网上支付、移动支付和电子票据出示和付款（EBPP）等。目前主要的支付方式表现为现金、纸基票据、电子化形式的支付卡、网上指令支付、电话指令支付和移动支付等形式。

货币形态的演变主要源于技术的进步和需求的推动，比如，技术的进步使得数字货币成为可能，需求的推动使得数字货币成为现实。温信祥、张蓓（2016）把电子货币和虚拟货币统称为数字货币①。

（二）电子货币

虽然人们对电子货币给出了不同定义，但一般来说电子货币具有如下特点：一是以虚拟账户代表货币价值；二是储存于电子装置，通常是电子货币发行机构的服务器，但有时也存于客户的卡片上；三是电子货币有通用目的，是发行机构及其密切的商业伙伴以外的实体可接受的支付手段。已有对电子货币的定义，更多地强调电子货币是事先储值，是一种预付支付机制。在当下，电子货币被广泛用做交易手段和价值储值，与中央银行的通货相对应，是法定货币的数字化、电子化，可以很容易地与实物货币相互转换；电子货币的数据对应着同等数量的实物货币；我们需要向电子货币的发行者（银行等金融机构）支付实物货币换取等量的电子货币。电子货币的提供主体主要是商业银行，如存款和数字支票（记账货币）。电子货币的提供主体还包括第三方支付公司、移动运营商等，典型代表有：一是肯尼亚的 M-PESA，是由移动运营商发行的，基于移动运营商的虚拟账户，具有价值储藏和交易手段的功能。二是金融资产货币，比如以余额宝为代表的第三方支付＋货币市场基金等，核心是利用信息技术进行产品创新，实现了流动性和收益性的统一②。这里作为支付的货币是金融产品，但这其中有一个转换过程，即将金融产品转换为法定货币，从这个角度来理解，其发行者是中央银行，而如果用金融产品直接进行支付，没有中间的转换过程，那么其发行者就不是中央银行了。

笔者认为未来中央银行可能直接发行数字货币，即基于互联网新技术推出全新的加密电子货币体系，这将是货币体系的重大变革，会对支付体系产生重大影响。

（三）虚拟货币

顾名思义，虚拟货币是非真实的货币，只具有货币的部分职能，可以直接在虚拟世界中获得，也可以通过实物货币购买来获得，虚拟货币一般不能直接转换为实物货币。目前，虚拟货币主要有两种类型：一是社区网络货币，比如腾讯的 Q 币、新浪的微币。社区网络货币存在一个发行中心，

---

① 温信祥、张蓓：《数字货币的未来》，载《财经》，2016（20）。

② 随着技术的发展，各种类型的资产都有可能作为货币。

此时的虚拟货币是商家的负债。二是比特币，基于密码学、网络 P2P 技术，由计算机程序产生并在互联网上发行和流通，流通和发行都实现了去中心化[①]。

三、金融科技对物理银行卡的影响

移动金融对物理银行卡的影响主要体现在移动支付的发展方面，移动支付（尤其是第三方支付主导下的移动支付）的快速发展本身就是对物理银行卡的替代。关于移动支付，本书后面会专门论述，这里我们主要分析两类比较典型的替代物理银行的方式。一方面，部分商业银行主动革新，推出创新性的支付方式来取代银行卡，比如招商银行的一闪通。另一方面，手机生产商跨界竞争，推出新型的支付方式，取代银行卡，比如 Apple Pay、Sumsung Pay、Huawei Pay 等。下面，我们重点分析一下招商银行的"一闪通"和美国的 Apple Pay。

（一）招商银行"一闪通"[②]

一部手机轻松搞定所有银行的事情，真正把每一个人都从金融琐事中解脱出来，享受工作和生活所带来的快乐，这正是招商银行推出"一闪通"的初衷。

基于这样的目的，2014 年 12 月 10 日，招商银行在北京发布了全新移动金融产品"一闪通"，该产品将一卡通、信用卡与手机结合在一起，不仅能够通过手机进行大额、小额支付，还能通过手机办理 ATM 存取款和网点业务等。

该产品设计的初衷是用手机替代银行卡，那么目前其可以在哪些渠道实现替代？一是全国招商银行营业网点用"嘀"手机替代刷银行卡，办理指定业务，目前已上线的业务包括一卡通存取现、存取款等业务，后续将逐步上线其他业务，使"一闪通"可替代一卡通办理所有柜台刷卡业务。二是在全国招商银行、银联带有非接触功能的 ATM 用"嘀"手机替代插卡办理全部 ATM 业务。三是在全国支持"Quick Pass"（闪付）的商户用"嘀"手机替代刷卡进行消费。

---

① 谢平、石午光：《数字加密货币：一个文献综述》，载《金融研究》，2015（1）。

② 资料来源：http://www.cmbchina.com/。

1. 操作流程

"一闪通"只能通过手机 App 申请开通。具体流程如下：（1）持有正常使用的招商银行一卡通（必须是本人在柜台开立或激活的）；（2）持有指定型号的 NFC 手机①；（3）在手机中安装应用（路径：手机银行 3.0—"助手"—"一闪通"），根据客户端安装应用→点击同意"开卡须知"→输入一卡通卡号、取款密码、短信验证码。

开通"一闪通"后，客户可以在指定渠道通过"嘀"手机来替代银行卡，比如，在招商银行 ATM 上取款，第一步，选择"非接交易"，第二步，按照提示将手机贴近 NFC 感应区，感应完成后即可按照 ATM 提示进行后续操作。

2. 盈利模式

招商银行推出"一闪通"，主要目的是抢占移动金融市场，移动金融具有网络规模效应，先行者具有优势，先行者一旦超越某个"关键规模"，就能快速发展，届时，"一闪通"一旦成功，招商银行获得的收益将是巨大的。

此外，推出"一闪通"，可以增加客户黏性，降低业务处理成本。但"一闪通"对招商银行盈利的影响是潜移默化的，需要逐步显现，在推出前期，由于设备改造成本、营销成本大幅上升，加之客户习惯的培养需要一定时间，投入大、收益小。

当然，"一闪通"同时也蕴含了失败的风险，比如，消费习惯改变的困难、移动金融领域激烈的竞争以及未来的不确定性等。

3. 产品优点

（1）方便快捷。从客户体验的角度来看，该产品不需要携带银行卡，甚至不需要打开手机，就能完成支付、取款等金融服务，较为方便。

（2）多重安全保障。利用多重手段来保障用户的账户和资金安全，一是采用令牌技术②，二是安全芯片加密存储，三是手机一旦丢失，可以快速"暂停"其服务。

---

① 三星手机的 Note 4（N9100、N9106W）（联通版和公开版）、Note Edge（SM－N9150）并不是所有机型都支持"一闪通"，如港版、移动版不支持；OPPO 手机的 N3（N5207、N5209），N1 Mini（N5117）；华为手机的荣耀 6 Plus（PE－TL10、E100－TL10）；魅族手机的 MX4 Pro、PRO 5；金立手机的 E8（GN9008）；中兴手机 Axon。

② 令牌技术实际上是一个虚拟账号，它与用户所持有的信用卡或者借记卡 16 位的主账号相对应，同时该虚拟账号又与一款具体设备绑定在一起。

（3）无须借助互联网。支付的处理在现场线下进行，使用 NFC 射频通道实现与 POS 机或自动售货机等设备的本地通信。

4. 产品缺点

（1）支持的手机有限。支持招商银行"一闪通"的手机仅有华为、三星、苹果等品牌的部分手机。

（2）能支持"一闪通"的终端有限。目前只限于招商银行的 ATM、营业网点以及部分支持闪付的终端。

（3）灵敏度较差，有时手机靠近终端没有反应。

（4）客户之间不能通过"嘀"一下完成个人之间的转账，需要打开手机银行，输入账号来完成个人相互之间的转账。

（5）涉及的环节太多。涉及手机厂商、银行、商户、移动运营商、卡组织等，它们在 NFC 技术实现上一直都存在利益博弈，这导致 NFC 技术标准无法统一，使得 NFC 推广存在障碍。

以上种种原因，导致"一闪通"体验没有其宣传得那么好，存在不确定性。

（二）Apple Pay

美国的信用卡消费需求日益增长，但是信用卡的支付过程较烦琐，为了抢占支付入口，简化支付过程，2014 年 10 月 20 日，Apple Pay 应运而生。Apple Pay 主要是提供支付"通道"或者场景。提供支付通道时，需要手机具有 NFC 功能，对硬件要求比较高。

1. 操作流程[①]

使用 Apple Pay，用户首先要保证自己的设备支持 Apple Pay，接下来就可以在苹果设备自带的软件 Wallet（钱包）里绑定银行卡。具体方法：

（1）点击 Wallet 中的"＋"号，点击下一步，手工输入银行卡号或者通过手机摄像头拍摄银行卡正面照片，由软件自动识别银行卡号。

（2）输入银行卡的用户名、银行卡有效期限、密码以及该银行卡在银行预留的手机号码。填完这些资料，预留的手机号就会收到一条验证码短信，用户将收到的验证码输入到验证码框内就能完成银行卡绑定。一台设备可以绑定多张银行卡，用户可以自由选择默认支付的银行卡。完成上述步骤之后，就可以开始支付了。

---

① 资料来源：南湖互联网金融学院，《Apple Pay 分析报告》2016。

（3）用户支付时无须连接网络，无须打开软件，甚至无须唤醒屏幕，只需将设备靠近专门的读卡器，将手指放在苹果设备的 HOME 键上进行指纹认证，就可以轻松完成支付程序。如果支付金额超过免密支付的额度，就需要用户手动输入密码，该密码必须与银行卡密码一致。

在银行取现金时，需要在银行的 ATM 上选择 Apple Pay 取款，输入取款金额，将苹果设备靠近 ATM 的读卡器并将手指放在 HOME 键上验证指纹，最后输入银行卡密码就可以实现无卡取现。

2. 盈利模式

苹果公司推出 Apple Pay，可以获得多重收益。

（1）苹果公司可以直接收取通道费，但通道费不能太高，否则会影响 Apple Pay 的推广。

（2）可以提高客户对苹果手机的依赖，进而可以通过在苹果手机的销售中赚取利润。

（3）支付方式的便捷，可以促进苹果商城的发展，进而通过苹果商城获得分成收益。

3. 产品优点

Apple Pay 的本质是利用手机来集成用户的银行卡（这点与谷歌钱包类似），用手机来替代银行卡。

（1）支付较为安全。一是银行卡与手机绑定后，Apple Pay 使用设备账户码来取代客户的银行卡号。二是用户银行卡相关数据并不会存储在手机上，也不会记录客户的任何交易行为。

（2）支付较为便捷。Apple Pay 线上支付可以通过指纹完成验证，不再需要输入信用卡信息、地址等信息，甚至不需要输入密码（至于是否需要输入密码，取决于发卡银行和商户）。此外，Apple Pay 还能够实现离线支付。

4. 产品缺点

（1）对硬件和软件要求高。苹果对设备和系统做了双重限制。

（2）支付渠道和场景有限。线下支付主要有：在中国内地，目前只有肯德基、麦当劳、711 便利店等商家具有银联闪付的 POS 机。线上支付主要有：Apple Store 的部分商品，与苹果合作的部分商家的 App 内支付。

此外，Apple Pay 不能实现个人与个人之间的转账（而微信支付在这方面比较方便）。

（3）客户对安全的担忧。指纹支付是一把"双刃剑"，一方面提高了支付的便捷性和安全性，另一方面增加了新的不安全，比如，如果某位用户被"劫持"，可能会被强行按指纹支付，这在某种程度上存在一定的安全隐患。同时，客户也担心手机丢失后被盗刷。

此外，如果把所有银行卡都集成到手机上（鸡蛋放在同一个篮子里了），一旦手机丢失，客户生活也将会受到很大的影响。

（4）支付性能不稳定。Apple Pay 存在绑定银行卡失败、支付时不灵敏、ATM 取款时读卡失败等现象，这些都表明支持 Apple Pay 的终端还不够稳定。

金融科技理论篇

第四章　移动支付的基础性问题

一、移动支付的账户问题

账户和数字货币是实现移动支付的两个前提条件。账户是支付的起点与归属，支付是将货币从一个账户转移到另一账户，支付的过程就是货币在账户之间转移的过程。在数字货币时代，账户尤其重要，时任国泰君安证券股份有限公司董事长万建华认为"未来金融业，得账户者得天下"（万建华，2013）[①]。

我们首先讨论移动支付的账户。账户可能以如下几种形式存在：一是手机号码，具有实名制、唯一性、易记性等特征。二是银行账户和证券账户，具有强实名制和唯一性等特征。三是虚拟账户，是弱实名制甚至是非实名制的。四是移动电子记录凭证，大多是非实名制的，比如，含有某种权利的短信。当然，这些账户之间并不是独立的，可能有交叉，比如，手机号码可以是一个虚拟账户，也可以和银行卡号、证券账号等相关联。

账户的核心功能是记账。目前大多记账方式属于集中式记账（即存在一个中心主体），当然，也存在一些去中心化的记账方式，比如，我们可以通过客户的账户，利用区块链技术进行记账[②]。区块链具有去中心化、交易

---

①　万建华：《金融 e 时代》，中信出版社，2013。

②　区块链是点对点的、分布式的数据库，它是在分布式网络的基础上，加上一个基于密码学的账户体系，就可以运用到数字货币、智能合约以及日常生活中去。

区块链最先源于比特币，但又超越了比特币。区块链是一种由多个独立节点分散记录的分布式数据库，是兼具"时间顺序、前溯验证"特性的信息块组成链式结构，每个信息块由一段时间内的交易集合加盖时间戳形成。区块链主要是通过加密算法、共识机制和时间戳等技术手段实现点对点交易。

如果把区块链看成是互联网价值的传输协议，本身是一个类似于 TCP/IP 网络的分层结构，分别是网络层（公有链和私有链）、数据层（分布式账本）、通用协议层和商业应用开发层。区块链技术使得在互联网上传递资金可以像发信息一样方便，运用区块链技术点对点的交互完全可以自己解决。

透明、不可篡改、可扩展等特点。其中，去中心化是区块链最核心的特征（谢平、石午光，2016）①。记账贯穿于货币的发行和交易全过程，而数字货币交易（表现形式是移动支付）的去中心化，类似于现实中的纸币交易。

（一）手机号码

手机号码具有唯一性，是其作为金融账户的必要条件。此外，手机号码还具有实名制和易记性等特征，使得手机号码非常适合作为金融账户。

在手机号码的实名制方面，2010 年，工信部宣布实施手机用户实名登记制度，但当时还没有明确的法律条文支持；2012 年 12 月，全国人大常委会颁布《关于加强网络信息保护的决定》，电话用户实名制首次进入法律层面；2013 年 7 月，工信部出台《电信和互联网用户个人信息保护规定》和《电话用户真实身份信息登记规定》，并于同年 9 月 1 日起实施电话用户真实身份信息登记。2014 年 12 月 31 日工信部、公安部、国家工商总局联合印发《电话"黑卡"治理专项行动工作方案》，要求从 2015 年 1 月 1 日起在全国范围内联合开展为期一年的电话"黑卡"治理专项行动，从 2015 年 9 月 1 日起，电信企业在通过各类实体营销渠道销售手机卡时，将要求用户出示本人身份证件，并当场在第二代身份证读卡器上进行验证。这从法律制度层面和技术层面保证了手机号码的实名制。

总之，手机号码本身就是一个账户，具有实名制、唯一性、易记性等特性，使其具有金融账户的属性。如果客户有多个手机号码，需要统一账户，客户可以选择某个手机号码作为主账户，其他手机号码为子账户。

（二）银行账户和证券账户

银行账户和证券账户都是强实名制，并且都是唯一的。目前，银行账户必须进行现场开户，或者通过 VTM 机等现代技术进行开户。

证券账户已经实现了远程开户，利用生物识别技术、云脉身份证识别技术、交叉验证等来确定客户身份：用云脉身份证识别快速采集验证用户身份，并通过联网核查进行身份验证，然后利用云脉银行卡识别一键绑定银行卡，再辅以人脸识别技术、视频对讲、录制并上传视频、联网核查、短信验证、新开户回访等方式确保开户者是身份证件的持有人。

目前，银行账户之间已经实现了互联互通，并且内部不同账号逐步实

---

① 谢平、石午光：《区块链去中心化和数字货币》，工作论文，2016。

现了集成，比如，招商银行的一网通、国泰君安的君弘一户通账户。不同银行之间的账户也部分实现了集成，比如，超级网银的出现，使得客户在不同银行的账户部分功能实现了集成，如账户余额查询。

证券账户的资金账户还没有实现互联互通，并且证券账户不能直接进行支付，需要将资金从证券账户转入银行账户，方能进行支付（少数证券公司与第三方支付公司合作，通过其进行支付，极少数证券公司拥有第三方支付牌照，可以直接进行支付）。但是，证券公司的股票账户在一定程度上实现了集成，个人在证券公司开户，实际上是在中国证券登记结算有限公司开户。

（三）虚拟账户

虚拟账户的实质是账户提供者分配给客户的一个有效代码，而客户所持有的号码可能是手机号、QQ号、邮箱等这些易记的账号，这些号码与提供者分配的代码相关联。

何为虚拟账户，目前还没有统一的定义，我们认为虚拟账户具有如下特征：一是客户身份的虚拟性。虚拟账户是弱实名制，即在对客户进行身份识别时，不能有效识别客户身份的真实性，或者是非实名制。二是资金的虚拟性（这一条不要求所有虚拟账户都满足），表现为登记在中介机构的数字，是一种记账符号，而不是真实的货币，主要以中介机构的信用作为担保。而我们在证券公司、商业银行开立的账户，是一种强实名制账户，对应的都是银行存款，是法定货币。

正因为虚拟账户具有如上特点，使得具有金融属性的虚拟账户的使用受到一定限制，虚拟账户主要用于充值、小额支付、转账、购买理财，但不能直接提现，提现需要通过银行卡进行。因此，个人开立虚拟账户时一般都要求将虚拟账户与一个结算账户（一般是能够独立办理结算业务的银行账户）绑定。

目前，开立具有金融属性的虚拟账户，需要开户机构多方位交叉验证客户身份。

中国人民银行发布的《非银行支付机构网络支付业务管理办法》（中国人民银行公告〔2015〕第43号），对非银行支付机构网络支付业务的账户，根据实名制的强弱，分为如下三类：一是对于以非面对面方式通过至少一个合法安全的外部渠道进行身份基本信息验证，且为首次在本机构开立支付账户的个人客户，支付机构可以为其开立Ⅰ类支付账户，账户余额仅可用于消费和转账，余额付款交易自账户开立起累计不超过 1000 元（包括支付账户向客户本人同名银行账户转账）；二是对于支付机构自主或委托合作机构以面对面方式核实身份的个人客户，或以非面对面方式通过至少三个合法安全的外部渠道进行身份基本信息多重交叉验证的个人客户，支付机构可以为其开立 II 类支付账户，账户余额仅可用于消费和转账，其所有支付账户的余额付款交易年累计不超过 10 万元（不包括支付账户向客户本人同名银行账户转账）；三是对于支付机构自主或委托合作机构以面对面方式核实身份的个人客户，或以非面对面方式通过至少五个合法安全的外部渠道进行身份基本信息多重交叉验证的个人客户，支付机构可以为其开立 III 类支付账户，账户余额可以用于消费、转账以及购买投资理财等金融类产品，其所有支付账户的余额付款交易年累计不超过 20 万元（不包括支付账户向客户本人同名银行账户转账）。客户身份基本信息外部验证渠道包括但不限于政府部门数据库、商业银行信息系统、商业化数据库等。其中，通过商业银行验证个人客户身份基本信息的，应为 I 类银行账户或信用卡。

未来，随着技术的进步和社会的发展，个人的金融账户不再专属于传统金融机构，一些互联网公司也可以提供，如支付宝账户、QQ 账户。在一段时间内账户提供主体将呈现多元化的态势。而随着个人账户的逐步集成，个人账户最终可能由中央银行这类机构来提供，因为集成后的个人账户具有公共产品的属性。

（四）身份证号

以上几类账户与身份证号存在一一映射的关系，有些是强映射，比如银行账户和证券账户，有些是弱映射，比如部分虚拟账户。身份证号直接作为金融账户，具有唯一性、实名制、易记性（由于需要经常使用身份证号，大部分人都能记住身份证号），但要防止"张冠李戴"，即 A 以 B 的名义开立账户并使用。

身份证号直接作为金融账户的显著的优点是在全国范围内具有唯一性，并且具有通用性，自动满足网络规模效应，适合直接在中央银行开户的条件下使用。未来所有个人和机构（法律主体）都在中央银行的支付中心（超级网银）开立账户（存款和证券登记），二级商业银行账户体系可能将不再存在。这时，身份证号直接作为金融账户，将具有得天独厚的优势。

身份证号直接作为金融账户的缺点是容易泄露身份证号这一关键信息，因此，在数据传输过程中，需要进行加密处理；或者使用 token 技术；或者只提取某一字段进行显示，再自动与姓名进行匹配；或者与其他几类账户配合使用，比如转账汇款时，可以使用一组虚拟的数字（这组数字与身份证号码一一映射，当然都是强实名制的），也可以直接使用身份证号码进行转账汇款，二者并存使用。

（五）移动电子记录凭证

现实中，某些移动支付不仅可以不需要实名制，甚至不需要账户（主要是取款方），可以凭借某些凭证进行支付（相当于现金交易，纸币也属于一种移动支付凭证，但我们这里讨论的是移动支付，纸币不是这里讨论的重点），比如含有某种权利的一条短信，理论上还可以相互转让，短信对应的是获取货币的权利，是一种凭证，可以凭借该短信进行支付，现实中的例子是肯尼亚的 M-PESA。当然，这些非实名制的权利凭证，出于支付安全和反洗钱等方面的考虑，目前仅限小额。

如果是实名制的移动记录凭证，可以进行大额支付。有些实名制的移动记录凭证，需要有金融账户（实际上，这里的金融账户已经属于前面几类账户了，不是这里讨论的重点）。

二、移动支付的货币问题[①]

货币数字化是实现移动支付的前提条件之一，货币数字化包括：一是电子货币（法定货币数字化），二是虚拟货币。

电子货币是法定货币数字化，交易双方都认可，可以直接进行支付。

如果是金融资产货币化，需要金融资产快速转化为法定货币，存在流动性问题，即金融产品作为支付手段，需要具有低波动率、高流动性的特点[②]。当然，技术条件成熟时，金融产品可以直接用于支付，比如基金、股票、债券，前提是交易对方接受。总之，金融产品作为支付手段，要么直接进行支付，要么需要转换为法定货币后再进行支付。随着技术的发展，在一定条件下，所有金融产品都可能作为货币直接进行支付。当然，金融产品是否可以作为货币直接进行支付，除了技术条件外，还受法律制度和社会风俗等制约。

---

① 具体讨论请见本书第二章相应内容。

② 谢平、邹传伟、刘海二：《互联网金融手册》，中国人民大学出版社，2014。

由于虚拟货币与法定货币不存在一一对应关系，需要解决信任和时效问题。关于虚拟货币，如果社区网络货币可以兑换为法定货币（前提是可以兑换为法定货币），就能够直接进行支付，如果不能兑换为法定货币，也可以在网络社区直接进行支付，在网络社区外直接进行支付，可能需要一个交易中介配合①，当然交易中介也不是必需的，如果交易双方都认可，可以直接进行交易，比如，A 在网络社区里获得虚拟货币，可以用虚拟货币在 B 处换取实物商品，B 获得虚拟货币之后，可以在网络社区里获取其需要的数字商品，比如空气测量软件、资料。如果虚拟货币是比特币，原理同上，一方面可以直接进行支付，另一方面需要一个中介商帮助完成支付。

三、移动支付的通道问题

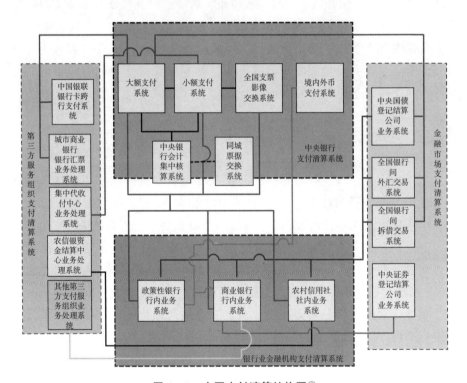

图 4 - 1　中国支付清算结构图②

---

① 具体讨论请见本章第三节，移动支付的通道问题之中间交易商部分。

② 资料来源：杨学武，《第二代支付系统知识介绍》PPT，中国人民银行。

一般情况下，支付通道无外乎有如下几种：一是通过商业银行内部清算，二是通过银联等卡组织进行清算，三是通过第三方支付渠道进行清算，四是以上几种模式加中央银行支付清算系统，五是以上渠道的组合。移动支付的支付通道，一方面需要借助传统的支付渠道，比如传统的手机银行支付；另一方面也可以脱离传统的支付渠道进行创新，比如可以绕过银联、中央银行支付清算系统，甚至可以绕过银行。

（一）银行卡组织

传统的移动支付，比如手机银行，如果不跨行，可以直接通过商业银行内部系统进行，如果要跨行，大多通过银行卡组织来实现，比如 VISA、MasterCard。

在国内，银行卡组织主要是银联，各商业银行通过中国银联的银行卡跨行交易清算系统，实现系统间的互联互通和资源共享，保证银行卡跨行、跨地区和跨境的使用。在国内，使用银行卡跨行支付（银行卡与移动 POS机配合实现的支付也属于移动支付的范畴），需要通过银联这一组织实现，前端需要通过银联等银行卡组织进行（通过银联来完成第三方转接清算），后端的结算需要通过中央银行的支付清算系统来完成。

（二）第三方支付平台

第三方支付平台通过如下路径完成支付结算①（目前，在中国，通过第三方支付平台直接联结银行完成支付的路径已被禁止）：一是客户在第三方支付平台开立虚拟账户；二是第三方支付平台与众多的商业银行直连。如果客户要进行跨行支付，第三方支付平台通过在众多的商业银行开立备付金账户，能够直接完成跨行移动支付。通过第三方支付平台完成的支付，其缺点是第三方支付可以保留客户的支付清算数据，支付清算的透明度不高（隐藏了具体的支付清算路径、实际的支付清算金额），监管部门无法实现监管。

（三）线上支付清算平台

目前，国内主要的线上支付清算平台，主要是超级网银和网联支付。

---

① 2017 年 8 月，央行支付结算司印发《中国人民银行支付结算司关于将非银行支付机构网络支付业务由直连模式迁移至网联平台处理的通知》，通知表示，自 2018 年 6 月 30 日起，支付机构受理的涉及银行账户的网络支付业务全部通过网联平台处理。

为提高跨行网银支付的清算效率，中央银行在第二代支付系统中新建了网上支付跨行清算系统，能够实现各商业银行网银系统互联互通，使得跨行转账、支付等业务实现实时到账。如果通过手机银行实现跨行支付，需要通过中央银行的超级网银实现。

网联平台定位于第三方支付机构的线上转接清算服务，是一个清算平台，类似于银行间的大小额清算系统，本身是中立的，不开展支付服务，是一个通道，回归支付和清算相独立的业务监管规则。网联支付推出意味着目前大量第三方支付机构直连银行的模式被切断，能够解决第三方支付平台现有的问题（当然也会对第三方支付平台造成冲击）。

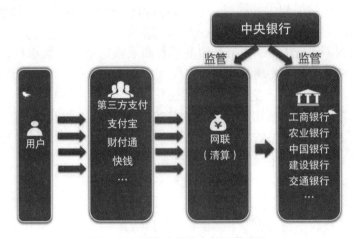

图 4-2　网络支付的支付通道路径

（四）中介机构内部记账平台

中介机构内部记账平台相当于一个"地下钱庄"，不仅可以实现境内支付清算，也可以实现跨境支付清算，比如，某客户持有境内的中介机构提供的移动电子记录凭证，可以直接凭此凭证，在中介机构境外的分支机构处换取该国的法定货币实现支付，在其中还自动实现了货币的汇兑。

（五）中间交易商

通过中间交易商可以完成移动支付，典型代表如通过手机购买比特币完成支付，支付中介可以提供比特币实时货币转换服务，消费者通过比特币支付，中间交易商将比特币实时换算为法定货币支付给商家，商家通过法定货币进行支付，由中间交易商承担比特币价格波动的影响。在 Ripple

的商业化应用中，也出现了相似的支付中介。在设定支付网关和外汇市场充分有效的前提下，Ripple 支持不同货币的自由支付（谢平、石午光，2016）①。

四、移动支付的标准问题

从宏观视角来看，目前国内移动支付存在的主要问题是标准不统一。标准的不统一，使得先行者和支付场景丰富者具有优势。

2012 年 12 月 14 日，中国人民银行正式发布了《中国金融移动支付系列技术标准》。工信部也发布了有关产品和设备通信网络方面的标准。移动支付的标准包括产品和设备通信方面的技术标准、安全技术方面的标准和可信服务标准。这里，我们主要讨论可信服务标准，目前主要有如下两种标准：一是移动运营商的标准。国内三大运营商建立了各自的移动支付可信服务平台（Trusted Service Manager, TSM）②，提供不同行业的支付应用（如金融、公交）。二是中国银联的标准。中国银联与部分商业银行也建立了 TSM，向合作的运营商提供金融支付应用。

不同的移动支付可信服务平台会产生不同的移动支付标准，使得不同移动支付之间难以实现互联互通。一是账户不能互联互通。由于标准不统一，并且缺乏统一的线上支付清算平台，目前移动支付还无法实现不同账户之间的支付（有点类似以前银行卡各自为政的情况），主要表现在不同类别第三方支付账户之间还不能相互转账，银行与第三方支付账户之间还不能实现转账。二是终端不能互联互通。互联互通除了不同账户之间能够相互连通外，同时也指不同手机等移动终端之间的互联互通，比如，某种移动支付方式不仅能在苹果手机上使用，也可以在三星、小米、华为等手机上使用。目前，Apple Pay 等基于 NFC 的移动支付方式还不能实现终端的互联互通，而像微信支付、支付宝等基于移动互联网的移动支付方式能够实现终端的互联互通。基于 NFC 技术的移动支付，其终端的互联互通是一个难题，需要客户手机具有 NFC 支付功能，而且具有 NFC 支付功能也不一定能够通用。

因此，建立统一的移动支付平台至关重要，在这个平台下，技术标准

---

① 谢平、石午光：《金融产品货币化的理论探索》，载《国际金融研究》，2016（2）。

② 平台是基于一卡多应用技术，实现对安全芯片 SE 进行空间管理、应用接入和空中发卡的体系，并最终在线下通过 NFC 等技术与传统受理设备交互实现的移动支付闭环过程。

统一，适用于多种设备和不同支付系统。统一的 CA 及密钥管理系统，能够实现不同参与者、手机终端 SE 及公共服务平台之间的身份认证，最终实现移动支付的互联互通。

在国内，国家层面也非常重视统一可信服务平台的建设。2013 年，国务院印发了《关于促进信息消费扩大内需的若干意见》，将大力发展移动支付、建设移动金融安全可信公共服务平台（MTPS）列入信息消费、扩大内需的重要举措。同年，中国人民银行根据《中国金融移动支付系列技术标准》，启动了移动金融安全可信公共服务平台的建设。2014 年 5 月，中国人民银行和国家发展改革委开展移动金融安全可信公共服务平台试点推广工作，包括进一步完善公共服务平台的基础设施①。国家级移动金融安全可信公共服务平台（以下简称 MTPS），主要为商业银行、电信运营商、银行卡清算组织、支付机构、电子商务企业等各方搭建互信互通的桥梁，提供跨行业、跨区域、跨机构的系统互联、资源共享、数据交换、交易实名等公共基础服务。目前，部分商业银行、移动运营商等已接入该公共服务平台。

五、移动支付的场景问题

移动支付需要融入具体的场景中，场景的搭建对于移动支付至关重要，主要是满足用户需求的特定使用场景，比如，客户会在阿里巴巴购物，用滴滴打车软件叫出租车，在微信上缴纳水电燃气费等，这些都是因为有了使用场景，用户才会使用移动支付，即先激发客户的支付需求，再过渡到移动支付，而不是想方设法去改变客户的某种习惯。

移动支付的场景搭建，主要分为两条路径：一是不断拓展移动支付的使用范围，将移动支付接入不同的生活应用中；二是将场景植入移动支付这一产品中去。

目前，微信支付和支付宝的支付场景非常"宽广"，微信依靠其强大的社交网络平台所带来的庞大用户群，拓展其使用范围，一方面，不断与第三方平台合作，将场景植入移动支付中，比如，与大众点评、京东、旅行社、滴滴出行、社保机构、医院等机构合作；另一方面，微信支付接入社会生活中去，比如，电信缴费、打车、线下收款。

支付宝依靠其强大的电商系统，逐步拓展其使用场景，从淘宝到整个

---

① 麻文奇：《推动移动支付生态圈良性发展的思考》，载《南方金融》，2015（12）。

电商行业，到信用卡还款、水电燃气缴费，再到各种线下商业场景和城市生活服务。总之，支付宝积极与第三方机构合作，迅速拓展其使用场景。此外，支付宝也通过技术创新来拓展其使用场景，比如，为了解决盲人的支付问题，推出了基于声波的支付。

除了付款之外，支付宝还将诸多场景融入移动支付中，实现了从支付工具向生活服务平台的转变。比如，通过与滴滴合作，将滴滴的 Web App 内置在支付宝内，用户在支付宝上同样可以叫车；与移动运营商的合作则实现了让用户可以直接在支付宝内完成充值、买流量、查余额、查套餐等①。

六、移动支付的多环节问题

移动支付的多环节性，主要体现在基于 NFC 的移动支付上，而微信和支付宝等移动互联网支付方式，涉及的环节相对要少些。基于 NFC 的移动支付的上下游产业链非常复杂，涉及银行、第三方支付平台、运营商、手机厂商、芯片商、TSM 平台商、商户、服务提供商等。

由于涉及环节太多，各方的磨合和协调需要时间，比如，各方利益分配、产业链的整合、生态链的建设、用户习惯的培养等都需要时间，短时间内未必能够取得很好的效果，这正是一直制约基于 NFC 的移动支付发展的原因。因此，需要找到一个激励相容的制度安排，来协调各方的行动。

此外，由于涉及的环节太多，各方身份的合法性和用户的信息安全也是考虑的重点。比如，如何保障参与交易的各方身份的合法性（身份的采集、验证，交易的确认等）是整个移动支付环节的基础。再比如，如何保障用户信息的安全。

为了解决多环节性的问题，可以通过参股、控股相关产业来构建支付生态系统，比如，日本的移动支付主要由移动运营商主导，通过参股银行来提供相应的金融服务。通过参股相关企业可以把外部问题内部化。此外，还需要通过技术、法律、规章等手段来明确各方的权利边界。

---

① 俞峰：《场景时代的移动支付》，载《中国信用卡》，2016（3）。

七、移动支付的安全性问题

移动支付的风险主要表现为操作风险，而移动支付的多环节性，在一定程度上增加了移动支付的风险。

移动支付的风险主要表现在如下几个方面：一是不法分子在移动终端安装盗刷设备，窃取客户的账户信息，不法分子还可以利用虚假二维码、诈骗短信等方式诱导客户，安装木马程序、访问钓鱼网站、盗取客户账户信息；二是在数据传输过程中，不法分子可以截取客户账户信息，比如，不法分子在购物中心、酒吧餐馆等公共场所利用免费的 WiFi，截取客户移动终端的 IP 地址和上网数据，从而获得用户账号密码、资金情况等个人信息。

要保证客户移动支付安全性，一是需要保证终端设备的安全，要防止被安装盗刷设备，保证设备的稳定性。二是加强设备的检测，防止安装恶意软件。三是保证客户支付数据的安全储存，客户即使被植入了病毒、木马也窃取不了客户的账户信息。四是要保证客户数据传输的安全，防止不法分子利用系统漏洞获取客户信息。五是加强金融消费者教育，有效防止客户被钓鱼网站、虚假二维码套取信息。六是移动支付提供者要加强技术防范，比如，二维码自动更新，以及利用风险监控手段来识别异常交易。

此外，移动支付安全性的核心问题是如何进行身份识别，如何防止欺诈，即解决信任问题。关于这一问题，有时需要多重验证，需要 PIN、使用密码、短信随机码、生物识别技术、信息比对、视频对话（比如，摇头、眨眼、微笑，防止别人截取客户的图片进行欺诈）等。

当然，在现实中，我们需要在支付的便捷性和安全性之间进行权衡，对于小额资金的存取，客户关心的是方便快捷。因此，这类业务可以凭短信等方式就可以办理，可以免密支付，甚至可以没有账户，直接凭转账短信在代理商处取款，比如肯尼亚的 M-PESA。

对于综合性金融服务和大额现金的存取，必须对账户进行强身份识别：一是使用密码，比如，服务密码、短信随机码；二是利用生物识别技术，比如，刷脸、瞳孔、指纹、语音识别等技术；三是行为特征分析，利用大数据技术分析客户的使用习惯来识别是否为客户本人。除上述三种方法外，还可能使用交叉验证，这样可以有效防止欺诈。

第五章　移动支付案例分析

一、移动支付的基本原理

移动支付主要指通过移动通信设备、利用无线通信等技术来转移货币价值以清偿债权债务关系（帅青红，2011）[1]。我们认为，支付的核心是货币的转移，但支付不一定是为了清偿债权债务关系。

移动支付存在的基础是移动终端的普及以及移动互联网等技术的发展，可移动性是其最大的特色。移动终端泛指一切可以移动的设备[2]，目前，比较典型的移动终端主要是手机。移动支付与 PC 端支付相比，表面上只是把支付终端从电脑端向移动端转移，但这一转移，可能会导致支付领域的革命性变革，因为支付是货币在不同账户之间的转移，支付本身就蕴含移动的意思（要求随时随地能够实现），而手机等移动终端最大的优势也是可移动性，二者不谋而合。

（一）移动支付的分类

根据支付的距离远近以及交互方式的差异，移动支付可分为近场支付、远场支付。远场支付主要有网上购物支付、线上缴费等，而近场支付主要用于交通支付（比如公交和地铁）、超市购物等。近场支付主要运用 NFC、扫码等技术，远场支付主要运用移动互联网等技术。有些支付方式可以同时实现近场支付和远场支付。

根据支付的提供主体不同，移动支付可以分为银行主导的移动支付（如手机银行支付）、移动运营商主导移动支付（如 M-PESA、翼支付）、第

---

① 帅青红：《电子支付与结算》，东北财经大学出版社，2011。
② 比较常见的移动终端请见本书第一章相关内容。

三方支付公司主导的移动支付（如支付宝、微信支付等）、手机生产商等主导的移动支付（比如，Apple Pay、Samsung Pay①）。

根据支付所使用的技术与设备不同，移动支付可以分为 NFC 支付、光子支付、二维码支付、刷卡支付、电话支付等。

（二）移动支付的技术

移动支付的相关技术包括信号传输、身份认证、客户交互等，当然这些技术之间并不是相互割裂的，彼此之间存在一定的联系。

1. 信号传输技术

信号传输技术主要有七类：一是 NFC 技术，即近场通信（Near Field Communication），NFC 是近场支付的主要技术之一。二是 RFID，即射频识别技术（Radio Frequency Identification），它是一种具有无线射频功能的手机卡，翼支付的 RFID-UIM 就是使用这种技术。三是红外线、蓝牙等技术。四是移动互联网技术。五是光子技术，通过移动终端发出的光来传输信号。六是 MST 技术，即磁力安全传输，如 Samsung Pay②。七是超声波技术，利用手机已有的视频、音频等功能，利用超声波传播信息。

以上几种技术有利有弊，主要表现在：蓝牙和红外线支付在手机没电的情况下，无法进行支付，而 NFC 支付在手机没电的情况下依然可以完成支付。蓝牙建立连接时间较长，红外线则对视距要求比较苛刻，而 NFC 支付建立连接则比较方便快捷。NFC 相较于 RFID 技术，具有距离近、带宽高、能耗低等特点，同时 NFC 技术增加了点对点通信功能，通信的双方设备是对等的，而 RFID 通信的双方设备是主从关系。移动互联网技术必须要求移动终端连接到互联网，而 NFC 等技术则不需要连接互联网。与通过移动互联网进行的扫码支付相比，光子支付在传输速度、连接速度、安全性等各个方面都具有相当优势，而与 NFC 支付相比，光子支付对消费者端硬件的要求较低。然而，光子支付与声波支付一样，需要在前端加入接收芯片。MST 技术的优势是能够支持所有的 POS 终端，这是其与 NFC 支付相比最大的优势。

---

① 目前社会上正兴起一种叫"聚合支付"的支付方式，聚合支付是通过聚合各种第三方支付平台、合作银行、合作电信运营商及其他服务商接口等多种支付工具进行综合支付服务，然而聚合支付面临合规问题，即没有清算牌照但做着类似的事情。

② 不仅支持银联云闪付的 POS 终端机，几乎所有能刷卡的 POS 终端机都能够使用 Samsung Pay，这是 Samsung Pay 的优势所在。

2. 客户交互技术

以上信息传输技术本身就包括了客户交互技术，此外，还可以通过扫二维码、LBS、Hot Knot、刷卡器等外设设备实现与客户的交互。比如，看见心仪的商品，通过扫一扫商家提供的二维码，即可实现商家与客户的交互，并最终完成支付。LBS 是指基于位置的服务（Location Based Service），是由移动网络和卫星定位系统（GPS）结合在一起提供的一种增值业务，需要移动网络与移动终端的配合，以此来获取移动终端用户的位置信息。典型代表如支付宝的"碰碰刷"，用户双方同时"摇一摇"手机，就能找到对方账号并进行快速支付，不再需要手动输入对方支付宝账号，当然"碰碰刷"也可以通过 NFC 技术"嘀"一下实现，但前提是需要双方手机都具有NFC 功能。Hot Knot 是借助手机中的触控芯片，再通过光感应原理和重力感应原理，实现数据传输的一种技术。

3. 身份认证技术

身份认证技术主要包括除了密码和大数据行为分析等外的生物识别技术，比如，虹膜、脸谱、声波、语音、声波、掌纹、指纹、经授权的身体的某一部位。

二、移动支付的典型案例

现实中，某种具体的移动支付方式，很难按照某一标准将其归入某一类别而进行严格划分，这里我们将一些大致相似的移动支付方式放在一起，介绍几类比较典型的移动支付方式。

（一）支付宝与微信支付

支付宝和微信支付是目前国内使用最多的两种移动支付方式，其共同点如下：第一，都是依托于自身的生态系统，拥有庞大的客户群。第二，都是主要通过移动互联网技术来实现支付。第三，一开始都是主要进行远场支付，后来逐步布局近场支付，比如使用微信支付扫码乘车、缴纳高速公路过路费等。第四，都是由第三方支付公司主导[1]。第五，都是以支付为

---

① 关于第三方支付，其重要功能是支付结算，第三方支付的产生，使得客户不用直接与银行进行支付清算，具有如下优势：一是在电子商务中可以起到担保作用，比如，支付宝。二是第三方支付可以集成众多银行，且不用开通网上银行和手机银行也能进行支付，方便快捷。三是可以节约交易成本，比如，直连银行，直接进行轧差（目前，监管部门对此持反对态度）。

切入点，衍生出各种金融服务，比如理财、贷款。

1. 支付宝

支付宝诞生之初，主要是为了解决其客户的支付问题以及买卖双方的信任问题，发展到后来，依托于其强大的电商系统，可以为客户提供各种场景的支付，比如，App 支付、扫码支付、刷卡支付、PC 端购物支付与转账等功能。此外，依托其支付服务，衍生出各种金融服务，比如，金融产品销售、理财、贷款等金融服务。

2013 年，支付宝推出了一款明星产品——余额宝①，其最伟大之处是打通了投资与支付的界限，满足了客户对收益性和流动性的要求②，余额宝一诞生就搅动了整个金融界的"神经"，金融机构纷纷效仿，推出了"类余额宝"产品。

支付宝的优点：一是担保支付，促进电商发展。这也正是支付宝快速发展的原因。二是依托于支付，开发出余额宝、招财宝、存金宝、淘理财等产品。三是电商网络发达，支付场景丰富。四是具有金融商品属性。

支付宝的缺点：一是社交属性不足。二是受限于第三方支付的政策限制，目前支付宝无法进行大额支付。三是无法进行离线支付，无法在手机没电的情况下进行支付。

2. 微信支付

得益于微信的社交属性，微信支付主要专注于小额支付。微信支付目前可以实现公众号支付、App 支付、扫码支付、刷卡支付、转账等功能。

微信支付的明星产品是微信红包，它是微信、微信支付与传统的"发红包"相结合的产物。微信红包一开始就具有很强的娱乐性，微信红包活动使微信支付功能得到了大范围的推广，大部分参与"抢红包"的用户都将微信账户与银行账户进行了绑定，可以说微信支付的成功很大程度上得益于微信红包。

微信支付的优点：一是社交属性强，方便熟人之间的转账支付。二是小额支付方便快捷。三是引入娱乐要素，增加了趣味性。

微信支付的缺点（与支付宝类似）：一是只能进行小额支付，不能进行

---

① 余额宝推出的背景是监管套利，表现在：协议存款与活期存款之间的利率、是否交存款准备金、提前支取是否罚息、客户要求等方面的套利，当然，这种套利只是短期的，会随着监管政策的改变而消失。

② 当然，余额宝推出的时机也很重要，适逢钱荒，能够给出高利率，即高收益性和高便利性是余额宝得以成功的主要原因，天时地利人和。

大额转账。二是不能实现离线支付，不能在手机没电的情况下进行支付。三是 PC 端支付场景有限。

（二）Google Wallet 与 Huawei Pay 等

谷歌钱包（Google Wallet）与 Huawei Pay、Mi Pay、Apple Pay、Samsung Pay 等[1]，都是由第三方主导的移动支付。这里的第三方主要提供支付"通道"或者场景。提供支付通道，一般需要手机具有 NFC 功能，对硬件要求比较高；提供支付场景，需要手机生产商提供自己的"生态圈"和"粉丝"。

像 Apple Pay 这类只提供支付通道的支付方式，没有自己的账号体系，不储存客户的交易信息，不记录客户的消费数据，符合银联和监管部门的要求。但目前这类支付方式的支付场景还不丰富，客户体验不是很好。

1. 谷歌钱包

谷歌钱包（Google Wallet）主要是基于 NFC 的移动支付模式，不仅集成了客户的信用卡，还集成了客户的会员卡、折扣卡和购买卡等。一开始，谷歌钱包主要运用于近场支付，由于受限于 NFC 终端的不普及，谷歌钱包通过多种方式拓展使用范围，推出了实物卡[2]，实物卡和谷歌钱包账号绑定，支付时直接从谷歌账号的余额中扣除，实质是预付卡，该卡既可以在柜员机取款，也可以在商场进行刷卡消费。此外，谷歌钱包还推出了 G - Mail 邮箱支付等新功能，并且与即时购买公司合作，向其提供购物时必要的用户和信用卡信息，简化用户在线购物时的流程[3]。

谷歌钱包的优点：一是可以实现多币种支付。二是支持银行卡和谷歌预付卡支付。三是集成了不同银行的银行卡。

谷歌钱包的缺点：一是支持的终端和合作伙伴有限，需要手机具有 NFC 功能，推出之初遭到移动运营商 Verizon 封杀。二是谷歌钱包还不能在中国使用（中国具有庞大的移动支付市场）。三是支付的场景有限。

---

① Apple Pay 本书第二章已有论述，这里重点分析 Huawei Pay。

② 目前，谷歌钱包停止实体卡支付，转向 Android Pay。

③ Facebook 推出的"Autofill with Facebook"移动支付产品，其功能与谷歌钱包线上支付类似，具有客户相关支付信息自动输入功能，使线上与线下的"互动"变得更加便捷。其运作原理如下：如果用户在 Facebook 上使用信用卡购买，那么用户的信用卡信息将会被记录，用户在使用 Facebook 账户购物时，将会自动导入其信用卡信息，使购物更加方便快捷。

2. Huawei Pay

Huawei Pay 主要是基于 NFC 实现的支付，其实现原理与 Apple Pay 类似，也是基于手机内置安全模块 eSE（可信的服务）＋NFC＋TEE（可信的执行环境）＋指纹识别功能的移动近场支付，支持绑定多张银行卡。

Huawei Pay 的优点：一是可以实现乘坐公交和地铁①，支持为手机内虚拟公交卡充值。二是使用"指纹＋芯片＋金融级安全"的 NFC 全终端解决方案，卡号经过加密后被安全地存储在设备的专用芯片"Secure Element"中，有效防范银行卡信息泄露。三是支持离线支付。

Huawei Pay 的缺点：一是支付的场景有限。二是推出时间较晚，要改变客户的消费习惯较难，因为移动支付具有先行者优势。

（三）PayPal Beacon 与 Square 刷卡器

二者都主要是通过外设设备来实现支付。PayPal 是在线商务平台，推出 PayPal Beacon 的主要目的是拓展线下市场。Square 是刷卡器的鼻祖，通过手机外设设备实现移动支付是其优势。

1. PayPal Beacon

一开始 PayPal 推出的移动支付主要是手机短信支付，后来逐渐过渡到 PayPal Beacon。PayPal Beacon 是一款支持蓝牙支付的附件设备，使用蓝牙技术，无须掏出手机即可完成支付（与蓝牙手机通话一样）。

PayPal Beacon 的优点：一是 PayPal Beacon 无须接入互联网，可以离线交易，既方便了用户支付，也在一定程度上保护了用户数据的安全。二是能够提前实现商家与用户的互动，当用户靠近支持 PayPal Beacon 的商店时，手机会震动或发出提示音（当然用户也可以取消这一自动提醒功能），同时，PayPal Beacon 不会对用户的位置进行持续追踪，以保护用户的隐私和数据安全。

PayPal Beacon 的缺点：一是外设设备影响手机美观，也容易丢失，客户体验较差。二是支付场景有限，主要支持线下支付。

2. Square 刷卡器

Square 刷卡器的本质是读卡器，通过插入手机的耳机连接口＋应用程序，就可以完成信用卡的支付。Square 还为 iPad 定制了内置读卡器的托架，通过托架来完成支付。Square 刷卡器主要是移动刷卡支付，目标是取代实物

---

① 与 Huawei Pay 类似，MI Pay 的亮点是能刷公交。

信用卡。此外，还提供了通过 Square 账号直接支付的方式，从而实现真正的无卡支付，其原理如下：Square 用户在手机上安装 Square 应用，便可以在部分商家直接结账（不需要用户掏手机，这点与 PayPal Beacon 类似）。

Square 刷卡器的优点：一是通过外设设备解决了对终端的要求，以低成本抢占移动支付市场。二是通过 Square Wallet 拓展在线支付市场。

Square 刷卡器的缺点：一是支付场景有限，但近年逐步拓展其支付场景，比如与星巴克的合作。二是外设设备影响美观和支付安全，随着手机终端自身的更新迭代，Square 刷卡器的优势不再。

目前，国内手机刷卡器有两类代表：一是拉卡拉手机刷卡器，主要针对个人用户（目前大多数移动支付也主要针对个人用户）。拉卡拉的优势在于便民支付，拉卡拉支持所有银联标识的银行卡刷卡支付。拉卡拉手机刷卡器的业务主要有四大块，包括银行服务、生活服务、网购支付、娱乐休闲，具体业务包括转账汇款、水电燃气缴费、话费充值、公益捐款、购买彩票电影票、支付宝充值等。

二是快钱手机刷卡器，主要针对企业客户，如保险企业、旅游、直销等。快钱手机刷卡器类似于国外移动支付产品 Square，插入智能手机的音频孔建立连接后，即可使用信用卡、银行卡刷卡完成支付。

（四）翼支付与沃支付等

它们都是由移动运营商主导的移动支付方式，二者的优势主要在于拥有庞大的客户群，可以提供移动互联网、通话、短信等服务，可以实现电话支付、短信支付、移动互联网支付、NFC 支付等多种方式的统一。二者由于受限于体制机制不活、激励不足，使得其使用场景有限，客户体验不好。

1. 翼支付

翼支付是中国电信推出的移动支付。用户在中国电信开通翼支付账户并储值后，即可在中国电信联盟商家和合作商户使用，翼支付不仅能够进行远场支付，也可进行近场支付。远场支付通过网站、短信、语音等方式进行（远场支付可以直接在 PC 端完成），近场支付则需要通过办理翼支付卡（RFID - UIM 卡）来完成，使用的是无线射频技术。此外，依托于支付，还开发出贷款、理财等产品。

翼支付的优点：一是聚焦民生应用，覆盖全国 350 个主要城市的 700 余项水、电、煤、交通罚款等缴费业务。二是与证券公司合作，通过翼支付可以开通股票账户，并可以享受超低佣金。三是错位竞争，重心放在三线、四线城市和农村，推出了"翼超市"，为农户定制了手机号绑定银行卡的功能。四是打通了支付账户和通信账户。

翼支付的缺点：一是要实现近场支付对手机终端有要求，或者需更换SIM卡。二是除了民生应用之外，其他生活场景有待拓展。

2. 沃支付

沃支付是中国联通的移动支付产品，通过 NFC 功能来完成近场支付。沃支付包括：手机客户端（主要进行远场支付、如团购等）、手机钱包（主要是近场支付，如"刷"手机购物、乘车等）、手机刷卡器"沃刷"。沃支付与翼支付的功能大同小异。

沃支付的优点：一是实现了多种移动支付方式的统一。二是依托于沃支付，打造沃百富综合金融信息服务平台，涵盖投资理财、消费信贷、保险服务。三是推出融合多种扫码方式的支付产品聚合支付。

沃支付的缺点：一是支付场景有限。二是客户体验不好。

3. 其他

（1）韩国的 MONETA 和 K-merce

MONETA 是韩国移动运营商 SKT 推出的移动支付品牌，包括 MONETA card（使用红外线技术，可以离线交易）、MONETA bill（在线购物）、MONETA pass（乘车卡）、MONETA bank（银行转账等）、MONETA stock trading（股票交易）、MONETA sign（身份认证）等。

K-merce 是韩国移动运营商 KTF 推出的移动支付服务，与 MONETA 类似，提供了移动银行、移动证券、购物支付等服务。此外，K-merce 不但可以通过红外线技术进行支付，也可以通过刷手机支付。

（2）日本的 Osaifu – Keitai

Osaifu – Keitai 是日本移动运营商 NTT DoCoMo 推出的手机钱包业务，该服务主要基于一张被称作 Felica 的非接触 IC 智能卡。用户需要事先在 NTT DoCoMo 申请一个手机钱包账号，并预存一部分金额，是一种预付支付。用户使用该服务购买商品所付的款项直接从账号里扣除，使用该业务无须输入密码（即快捷支付）。此外，Osaifu – Keitai 可以远程锁定和擦除用户资料，同时个人材料可以备份到云端，不用担心丢失。

（五）云闪付与手机银行

云闪付、手机银行支付与银联有着千丝万缕的关系，带有商业银行基因，但也有部分手机银行是由移动运营商主导的，比如肯尼亚的 M-PESA。

1. 云闪付

云闪付是银联推出的移动支付，支持智能手机、可穿戴设备及银联 IC 卡的支付。云闪付既能在有"银联云闪付"标识的销售终端一挥即付，也能支持移动互联网支付。

云闪付是 HCE（主机模拟卡片）和 Token（支付标记）技术的结合。利用存储在手机中的虚拟卡替代持卡人手中的银行卡，通过云端存储虚拟卡片的关键信息并动态更新。

线下支付步骤如下：（1）轻触手机，点亮屏幕；（2）将手机靠近支持非接功能的 POS 机；（3）输入银行卡密码；（4）完成支付。线上支付步骤如下：（1）在支持云闪付的商户 App 内选择银联在线支付；（2）在支付页面中选择"云闪付"；（3）选择需要使用的云闪付卡；（4）输入密码，完成支付。

云闪付的优点：一是由于是银联主导，支持大部分银行。二是方便快捷，无须网络，无须打开 App，即可完成支付。三是利用令牌技术把银行卡号转化为虚拟账号，不会泄露客户的真实账户信息。

云闪付的缺点：一是依赖于闪付 POS 终端的推广。二是云闪付侧重于支付，不能实现个人之间的转账以及其他金融服务。

2. 手机银行

手机银行支付大多由商业银行主导，侧重于银行业务，但同时也具有移动支付的功能，但由于手机银行对设备和安全性的要求较高，需要事先在银行网点（或通过网上银行）来开通此项功能，并且支付时程序也比较烦琐，需要输入一大堆号码，其支付的便捷性远不如第三方支付移动支付。目前，部分商业银行意识到这一点，推出快捷支付方式，比如工行 e 支付。

手机银行支付的优点：一是支付安全性高。二是支付转账金额较大。三是与第三方支付类似，集成众多金融服务。四是目前中国手机银行转账实现全免费，而像支付宝、微信支付等第三方支付提现需要收手续费。

手机银行支付的缺点：一是支付流程太烦琐（目前，部分银行的手机银行支付推出了小额免密支付、指纹支付等方式，提升了客户体验）。二是不同银行的手机银行差异较大，表现在金额、功能、客户体验等方面，股份制银行、国有控股商业银行的手机银行普遍比农村金融机构的手机银行要好。

三、移动支付的发展展望

移动支付发展到今天，经历了从无到有的过程。基于短信、语音的移动支付以及基于客户端、WAP 的移动支付（主要是基于"软件"），属于基于"软件"的支付，还是比较初级的，发展到现在，出现了基于"软件"支付的高级版本，比如微信支付、支付宝等，以及基于"硬件"的移动支付，比如 NFC 支付。

未来的移动支付，可能集成不同公司的支付，现在的聚合支付已初现端倪。未来的移动支付，可能会在某一细分领域深耕细作的基础上，发展其他支付方式。未来的移动支付，支付流程可能会大大缩短，支付体验可能会大幅提升。未来的移动支付，有些场景可能会自动拓展。未来的移动支付，功能可能会越来越多，不仅仅限于支付。未来的移动支付，其安全性会大大提高，新的技术会不断使用，支付的便捷性和安全性会得到很好的调和。

（一）竞争格局多元化[①]

未来的移动支付模式，是不同的支付服务商在业务上的排列组合，表现在小支付和大支付服务商的排列组合。小支付是指社会融资中介，即充当存款人与借款人之间的中介角色；大支付是指社会支付平台，即市场经济中的商品交换要通过银行进行结算。

一类是非合作模式，主要包括：银行圈的小支付模式（如银联垄断模式），银行圈的大支付模式；电商圈的小支付模式，电商圈的大支付模式；移动圈的小支付模式，移动圈的大支付模式。其中，有两种模式只有理论上成功的可能，实际上是走不通的：一是银行圈的大支付模式，二是移动圈的小支付模式。主要原因是它们会导致主营业务偏离本行，如果不在对方行业寻找合作伙伴，很难成功。

另一类是合作模式，主要包括：面向小支付的银联—运营商合作模式、银行—运营商合作模式、银行—电商合作模式等；面向网上小支付的 P2P 模式（相当于以互联网模式搞金融）；面向网下电商的银联—运营商小支付合作模式；面向大支付的电商圈与移动圈合作；面向大支付的银行圈与电

---

① 《移动支付的未来与机遇》，互联网周刊，2013 – 9 – 15。

商圈的合作；面向大支付的银行圈与移动圈的合作，以及银行圈、电商圈与移动圈的三方整合。

未来，具有大量场景和数据分析能力的第三方支付公司，将在竞争中处于优势地位。

（二）介质多样化与支付方式集成化

除了手机、iPad 等传统移动终端外，各种可移动设备，尤其是可穿戴设备都有可能成为移动支付的介质，比如，服装、首饰、手表、眼镜、身体的某一部位等。

未来的移动支付方式，在精耕某一领域的同时，将集成各种不同形式的支付方式。各种移动支付的方式将逐步实现集成，如移动互联网、二维码、短信、语音、NFC 等不同支付方式，以及这些技术的集合体。比如，微信支付和支付宝支付这二者的优势主要是线上支付，目前，在做精线上支付时，积极谋局线下支付，比如，刷二维码收付款，面对面收付账。此外，微信支付和支付宝支付还可以直接调用 NFC 实现刷卡，比如公交卡充值。

在移动支付混战的过程中，基于 NFC 的移动支付逐渐表现出一定的优越性，尤其表现在安全性方面。基于 NFC 的移动支付对终端的要求太高，其普及性受到一定影响。而基于 LBS 的移动支付可以实现与 NFC 支付相似的交互，可以把二者集合起来，提高其普及性，如支付宝的"碰碰刷"。

当然，也不排除支付的垂直化，即在现有的基础上，把某种支付的优势做到极致，专做这一领域的创新。

（三）场景与功能多样化

未来，移动支付的场景将会越来越丰富，将覆盖日常的吃穿住用行、商务往来等领域，不仅会覆盖现实生活，甚至可以实现在虚拟现实下的支付。

移动支付不仅仅限于支付，会在此基础上衍生出很多金融与非金融的服务。当下，很多机构为什么热衷于移动支付，主要是以支付为切入点，积累数据，推出增值服务，比如，财富管理、借贷、征信、产品销售等。

除了这些小额支付场景外，大额消费市场、理财市场也不乏支付机构的身影。比如，支付宝推出了"余额宝买房"，也就是买房者通过淘宝网支付首付后，首付款被冻结在余额宝中，在正式交房前或者首付后的 3 个月，首付款产生的余额宝收益仍然归买房人所有。

（四）安全防范手段多重化

随着移动终端的发展，以及 Token、TEE、HCE 等新技术的出现，移动支付的安全性会越来越高。未来，对于用户被劫持、绑架以及用户手机遭到黑客攻击等极端情况，技术要能够防范。然而，像指纹支付这类支付方式就不能有效防范这些。

在用户被绑架等极端情况下，是否可以根据用户的心跳来验证客户身份，比如，NYMI 腕带设备，通过客户"心跳"频率完成支付？如果客户的心跳突然加快，则支付自动终止，当然，如果是在正常情况下，客户心跳突然加快，支付终止后，客户可以通过输入密码来解锁。同时，也可以根据血液循环、人的意念等验证客户身份，完成支付，当然这一切需要生物技术的发展。此外，也可以根据支付金额大小来设置不同权限，如果是小额支付，可以免密支付，如果是大额支付，需要多重验证。

随着技术的发展，移动支付能够更好地权衡安全性和便捷性，在保证安全的前提下，大幅提升支付的便捷性，缩短支付流程，提升客户体验。此外，随着经济社会的发展，免密支付的额度可以逐步提高，这大大地提高了支付的便捷性。

总之，随着生物技术的发展，其将被大量地运用到移动支付领域，提升支付的安全性，主要表现在身份识别方面。而信息技术将保证支付的传输安全等方面。

第六章　互联网理财

一、互联网金融产品销售

互联网理财目前还主要表现为互联网金融产品销售，部分互联网理财平台主要销售本单位的金融产品，部分互联网理财平台可以实现不同金融机构产品的销售，比如，蚂蚁聚财。目前，基于互联网提供投资建议和基于互联网直接进行投资决策的互联网理财还较少。

（一）金融产品销售的主要类型

1. 互联网机构的金融产品销售

目前，大多数互联网机构推出的金融产品销售主要聚焦于基金产品的销售，比如，支付宝推出的余额宝、微信支付的理财通等。为什么它们主要聚焦于基金产品？一是公募基金可以向不特定公众销售，与互联网的开放性不谋而合，而其他金融产品销售很容易触碰"非法集资"的红线。二是互联网理财常常与移动支付紧密相连。客户利用支付账户中的余额理财，主要目的是为了支付的方便，大多不是为了追求高风险下的高收益，购买基金产品（主要是货币型基金），可以在满足客户支付需要的同时，获取一定的收益。三是移动支付目前主要是小额支付，使得客户账户的资金余额少，只能进行小额投资，基金认购的起点金额低，使得基金产品成为首选。

2. 商业银行的金融产品销售

商业银行的金融产品销售，主要聚焦于本行的理财产品，当然也有部分商业银行的直销银行可以购买他行的理财产品（本章第二部分将对此做详细分析）。商业银行的理财产品可以对接基金产品，比如，各种"类余额宝"业务，也可以对接券商资管计划等。总之，商业银行推出的移动理财，其资金运用更为丰富，包括券商资管计划、信托产品、基金产品、股票、债券、非标等产品，能够满足不同风险偏好投资者的投资需求。

3. 互联网金融平台的金融产品销售

经过过去两年互联网金融的专项整治，互联网金融逐步回归信息中介的定位，因此，目前，互联网金融平台的金融产品销售也主要是提供不同机构的金融产品信息，供投资者参考，一些具有销售资格的互联网金融平台主要是将不同机构的金融产品放在一个平台上，供投资者挑选，同时，投资者还可以通过该平台直接购买。

（二）大数据与互联网金融产品销售

互联网理财尤其是移动互联网理财的关键点是满足客户随时随地对理财的需求，对大数据技术依赖性较高，这是因为需要通过大数据精准营销实现客户需求的有效匹配。大数据精准营销的基础是数据集和分析，数据集如果不全面，就达不到预期效果，这时就需要第三方数据来补充，但是，光有大数据还不行，核心是对大数据进行分析，如果不进行分析，大数据就是一堆"垃圾"，就产生不了价值。

比如，基于大数据精准营销的智能推荐功能，可以根据每个人的投资需求和风险偏好，通过大数据技术对用户进行画像，帮助用户快速找到适合自己的投资方式和投资产品，并进行推荐。同时，也可以根据客户的购买历史，进行关联推荐。

（三）互联网金融产品销售：互联网机构与基金公司的联姻

由于基金产品认购门槛低、风险小、标准化等特点，使得基金产品非常适合互联网销售，使得互联网机构纷纷入股基金公司。比如，蚂蚁金服入股数米基金，2015 年 4 月，数米基金网进行增资扩股，蚂蚁金服以 1.99 亿元人民币作为交易对价，获得了增资后的数米基金 60.80% 的股权，此外，蚂蚁金服入股的恒生电子还持有数米基金 24.10% 的股权。再如，东方财富直接成立了全资子公司天天基金网，专注于基金产品的互联网销售。

二、直销银行

直销银行，顾名思义是指银行利用互联网等方式直接向客户销售金融产品，比如利用电话、移动终端、邮件、自助终端、电视等。

直销银行的前身可以追溯到 1995 年成立的全球第一家网络银行——Security First Network Bank（SFNB）；真正意义的直销银行诞生于 1997 年荷兰国际集团（International Netherlands Groups）在加拿大创立的 ING Direct，其后，该模式迅速在全球多个国家复制。

与传统网上银行相比，直销银行的优势在于：一是其销售的金融产品不仅限于本行的金融产品，还可以代销其他金融机构产品，扩大了投资者的选择范围。二是投资者在直销银行平台上购买金融产品，不需要开立本行的银行账户。

（一）直销银行的类型

根据利用互联网的深度，我们把直销银行的模式分为两种模式：一是纯粹线上模式，比如，微众银行、First Direct，在这种模式下，客户如果需要取现，一般通过第三方银行作为通道实现。二是线上与线下联动模式，比如，ING Direct，其通过线下的 ING 咖啡馆支持线上业务，将咖啡吧店员培训为金融顾问，这就可以加强与客户的交互，增加客户黏性。

根据直销银行的运营模式不同，我们可以把直销银行的模式分为两种：一是直销银行由商业银行内部的一个部门或事业部来运作，比如，汇丰 Direct。二是直销银行由商业银行成立的全资或者合资公司来运作，并形成自己独立的品牌，比如，ING Direct。

（二）直销银行的典型案例

1. 钱大掌柜

2013 年兴业银行推出互联网金融品牌"钱大掌柜"，其前身是兴业银行金融同业合作品牌"银银平台"，是在"银银平台"理财门户基础上优化升级而成的，一开始就具有互联网的基因，通过对银行理财产品、贵金属交易、银证转账、基金代销、信托理财等业务进行整合，并支持理财产品转让和购买电影票、预约挂号等生活支付场景，为互联网终端客户提供一站式、全方位、开放式的财富管理服务。

钱大掌柜的优点：一是建立了理财账户与合作银行结算账户、各类财富管理资金账户之间的一一映射关系，打通了不同银行间的账户壁垒。二是充分利用"银银平台"，打通了银行间封闭的系统，促进了不同金融机构间金融产品的流动。三是钱大掌柜账户的开立除了互联网渠道外，还可以通过众多的合作银行开立，极大地方便了客户，提升了客户体验。四是钱大掌柜在一定程度上促进了金融普惠，利用各家合作银行的销售网络，将丰富的金融产品和服务销售给三线、四线城市及广大农村地区,实现了城乡金融服务的均等化。

钱大掌柜的缺点:一是与同类产品相比,钱大掌柜的理财产品在收益方面的优势不明显。二是兑付时间存在延迟,非兴业银行卡不能实现实时到账。三是登录和资金转出操作比较烦琐。四是运作模式有待优化,钱大掌柜并不是作为独立的第三方机构出现。

2. 北京银行直销银行①

北京银行直销银行是北京银行与荷兰 ING 集团合作共同推出的,现有更惠存、更慧赚、更会贷、更汇付四大产品体系。

北京银行直销银行服务实现客户全流程在线自助操作,借助互联网支持远程面对面操作,银行呼叫中心会在客户操作遇到疑问时以多种形式为客户提供及时的后台支持服务,即"在线操作 + 远程人工支持"。客户可以通过手机银行、网上银行、北京银行直销银行网站等办理相关金融服务,如果是新客户,可以通过北京银行布放的 VTM、ATM 和自助缴费终端等多种自助设备完成开户、开卡等步骤,而后即可办理网上银行、手机银行等业务。北京银行直销银行既为客户提供"标准化"和"专属化"的金融产品,也为客户提供更加开放的互联网支付和移动支付平台。

北京银行直销银行具有低成本、高效率、全天候、突破地域限制、大数据精准营销、个性化定制服务等特点。

北京银行直销银行的优点:一是与荷兰 ING 集团合作,借鉴其直销银行的成功经验,在管理和经营理念、发展模式、战略规划、资金投入等方面具有后发优势。二是安全性高,资金流动采用"多进单出"的形式,用户可以通过绑定卡向直销银行账户转入资金,也可以通过其他非绑定卡网银渠道向直销银行账户转入资金,而资金只能转出至绑定卡。三是线上贷款智能化,可以申请无抵押贷款。

北京银行直销银行的不足:一是功能相对简单。产品主要分为四大类,即存款、理财基金、贷款和支付;相比于其他同类直销银行,北京银行直销银行缺少保险服务的买卖、重金属买卖以及生活类服务的买卖等板块,投资理财功能较弱,收益情况偏低。二是虽然其贷款服务无须抵押,但有较为严格的申请条件,对于一些使用他行银行卡注册的用户,注册过程烦琐,体验不好。三是客服回复速度较慢,体验性较差。四是直销银行没有

---

① 资料来源:北京银行直销银行网站。

自己独立的品牌。

3. ING Direct[①]

ING Direct 是由荷兰国际集团在加拿大首创的直销银行，其后在全球多个国家复制。ING Direct 利用信息技术来实现低成本的高效服务[②]，主要通过网上银行、ATM、移动端、电话等提供服务，同时，还在 Twitter、Facebook 等社交网络上设立客户社区[③]，通过咖啡馆为客户提供线下的面对面的金融服务，通过咖啡馆与客户在线下面对面交流与服务，拉近了与客户的距离，增强了客户对其品牌的信任度与忠诚度。

ING Direct 主要的盈利来源于利差收入，以"高利率"吸收存款，而以"低利率"发放贷款。低成本使其可以承担相对较低的利差，能够薄利多销，被称为"金融沃尔玛"。

ING Direct 的优势[④]：一是目标客户准确定位[⑤]。客户主要为具有一定闲暇时间且会上网的中低收入阶层，不需要个性化的产品和服务，这有利于通过互联网提供服务。二是金融产品简单易懂[⑥]。产品主要为 Orange 储蓄账户、储蓄、房屋贷款、养老金、企业存款、抵押贷款等。三是风险防控严格。ING Direct 在客户合规性检查、账户登录验证、资金划拨、支票签发、信息查询更新等方面做了严格的规定。同时，ING Direct 在网站上向客户详尽介绍各种可能出现的网络诈骗以及非法盗取信息的情况，并明确告知客户在每种情况下应该采取的应对措施，从而在最大限度上保障客户资金和信息安全。

ING Direct 的不足：任何事物都有两面性，ING Direct 放弃个性化与差

---

① 资料来源：https：//www. ingdirect. com. au／。

② 廖理：《Ally Bank、ING Direct、BOFI 三家直营银行的创立发展和启示（下篇）》，载《清华金融评论》，2015（2）。

③ ING Direct 总结其他直销银行的成功经验：一是互联网和电话相结合。二是从简单到复杂。三是独立的互联网银行。

④ 顾琪：《银行业的沃尔玛——ING Direct 的商业模式创新》，载《21 世纪商业评论》，2007（5）。

⑤ 以 ING Direct（USA）为例，其目标客户为：①中等收入阶层，对他们储蓄存款的利息收入增长非常重视；②他们对传统金融服务需要耗费大量时间非常不满意，不愿浪费过多的时间；③他们有网络消费的习惯，经常在网上购买日常用品、休闲消费；④父母级的群体，年龄大概介于 30 岁至 50 岁之间。

⑥ 以 ING Direct（USA）为例，其在产品方面的策略主要有四个方面：①针对直销渠道提供有限的产品选择，从而使有限的产品选择集中在储蓄产品和部分贷款产品，客户易于尝试；②通过关联，即时从活期账户中获取资金；③专注于简化的"自助"银行产品，可由消费者独立管理；④没有最低存款额度要求，消除客户对存款最低金额的担心。

异化，也就放弃了一大部分目标客户，也就放弃了客户的成长性。

（三）国内直销银行的争论

1. 互联网文化与银行文化的冲突

互联网文化主要表现为创新意识强，对市场反应敏感，能够快速迭代其产品。创新是互联网企业的生存之本。而商业银行主要是管理风险，风险控制是其立行之本，属于保守型、风险规避型。因此，强调创新的互联网文化与强调风险控制的银行文化存在一定冲突，这也是国内直销银行表现平平的重要原因。

2. 运营模式的困境

由于监管、银行内部机制等原因，目前国内直销银行主要是商业银行内部的一个部门，很少独立运营（以子公司的形式运营），实行"事业部制"运营的也为数不多。这种运营模式会受到诸多掣肘，表现为人、财、物的制约，甚至还会受到其他部门的抵制，比如，直销银行由于吸引外部客户有限，会转移一部分个人金融客户（甚至公司金融客户），导致内部利益分配不均。

3. 形式大于实质

由于文化和激励机制等原因，国内的直销银行大多是网上银行的翻版，没有实质性创新。主要表现在如下几个方面：一是注册过程烦琐、复杂。二是产品单一，主要是活期存款、定期存款、支付账户、住房抵押贷款和普通理财、简单的消费信贷等。三是资金流动需要"中转"，除了兴业银行等少数银行外，其他银行的直销银行，客户一般不能直接使用其他银行账户直接购买直销银行的产品，需要先将资金转入直销银行账户。

国内的直销银行除了存在以上问题外，如下两个问题也制约了直销银行的发展。

1. 非现场开户问题

按人民银行的相关规定，商业银行开户必须面签。如何突破面签，是直销银行最需要解决的问题。目前的生物识别技术存在适用场景问题，生物特征一旦互联网化，就变成了数字信息，数字信息在互联网上容易被篡改、劫持、复制、重构、重放等，不具备唯一性。

2. 安全性问题

直销银行的风险特殊，对信息技术依赖性强，信息科技风险是其主要风险。此外，目前直销银行实行的是弱面签，客户容易遭受欺诈，存在洗钱的可能。

三、智能投顾

目前，国外主要的智能投顾有 Betterment、Wealthfront、Future Adivisor。国内主要的智能投顾有弥财、理财魔方、蓝海财富、拿铁财经、投米 RA、摩羯智投、贝塔牛等。

智能投顾是在线投资咨询服务提供商，基于投资者填写的问卷，在有限或者没有人为参与的情况下，在线自动为投资者提供专业的资产组合管理服务，并收取较低的服务费。按照人为参与程度的不同，智能投顾可以分为机器导向模式、人机结合模式和社交平台模式三种模式[①]。

（一）智能投顾的主要类型

机器导向模式，指资产管理过程由智能投顾自动完成，不需要投资者进行操作，也没有传统投顾参与管理，典型代表是 Wealthfront。机器导向模式是智能投顾最典型的模式，人为参与程度最低，是三种智能投顾模式中最"智能"的。机器导向模式的智能投顾提供资产组合管理服务一般需要经历三个步骤：一是风险评分，二是建立资产配置组合，三是后续跟踪优化。

人机结合模式是指在平台上既有智能投顾为投资者提供投资服务，又有传统投顾为投资者提供资产配置组合建议，典型代表是 Personal Capital。人机结合模式将智能投顾和传统投顾结合起来，主要有两方面的优势：一方面，平台能够提高受众范围，智能投顾服务对象主要是中小投资者，传统投顾服务对象是高净值群体，人机结合模式能够同时为不同资产规模的投资者提供服务，满足不同投资者的不同投资需求；另一方面，智能投顾和传统投顾结合起来能够实现优势互补，为投资者提供更好的资产管理服务。

社交平台模式，指智能投顾平台植入社交属性，投资者能够跟随智能投顾平台上专业投资者的投资组合，也能够在智能投顾平台上建立、修改和分享自己的投资组合。相比智能投顾其他两种模式，社交平台模式人为

---

① 吕雯、杨鑫杰，南湖 FinTech 研究百篇系列之（九）——智能投顾的主要模式（一），南湖 FinTech 研究百篇系列之（十）——智能投顾的主要模式（二）。

参与程度最高。根据运营模式的差异，社交平台模式又可以分为主题投资模式和跟随模式；主题投资模式为投资者提供不同主题的投资组合，投资者可以选择最有价值的主题进行投资，如 Motif Investing；跟随模式让普通投资者能够实时跟随专业投资者进行投资，如 Covestor。

（二）智能投顾的典型案例：Motif Investing

在互联网金融模式下，证券市场可能同时具有行为金融学和有效市场假说描述的特征。一方面，在社交网络的促进下，投资者之间的交流、互动和相互影响会非常有效，个体和群体行为会接近行为金融学的描述，人类情绪可以通过社交网络产生传染效果，进而对单个证券或整个证券市场产生可观测的影响。另一方面，在大数据分析的促进下（内幕信息不属于大数据），市场信息充分、透明，市场定价效率非常高，比如证券定价中的一些复杂计算转化为应用程序，简单化，证券市场会接近有效市场假说的描述①。Motif Investing 正是这一思想的体现。

Motif Investing 的核心是引入了社交化属性，投资者不跟随基金也能进行主题投资，平台上的投资组合被称为 Motif，投资者可以选择把自己的 Motif 分享给好友，大家共同对 Motif 进行讨论和优化。每个 Motif 都包含不超过 30 只具有相似主题的股票或者 ETF 基金。Motif Investing 提供强大的自助式投资组合设计工具，投资者可非常方便地修改、创建和评估 Motif。

（三）国内智能投顾的争论

1. 智能投顾与普惠金融

传统投资顾问设定了资金门槛，主要针对高净值用户以及大客户，而智能投顾的出现降低了交易成本，让理财顾问服务变成一种普惠金融，能够为普通人服务。但是也有人认为智能投顾存在非法集资的嫌疑。比如，智能投顾公司集中大量散户的资金，再去做投资。再如，部分智能投顾演变为 P2P 平台，我们知道私募基金服务对象是 100 万元资产以上的高净值客户，现实中，部分机构打着智能投顾的幌子，把这 100 万元的产品分拆成多份，美其名曰"这是 P2P"。

2. 智能投顾与量化投资

关于智能投顾，也有人认为其实质是量化投资，其核心是各种模型等，

---

① 谢平、邹传伟、刘海二：《互联网金融的基础理论》，载《金融研究》，2015（8）。

当模型与机器学习、互联网等结合，实现自动运行，即是智能投顾。既然智能投顾依赖各种模型，这就对模型的拟合度、精准性提出了要求，一旦模型设定出现偏误，其效果可能会大打折扣。同时，模型预测的精确度与数据质量也密切相关，智能投顾依赖于数据的真实性和可靠性。

此外，智能投顾也可能引发新的风险，当市场中大量使用智能投顾进行投资时，一旦模型存在漏洞，或者存在其他技术上的问题，可能会对市场造成冲击，比如光大"乌龙指"事件。

3. 智能投顾的四大 Bug[①]

一是深度学习能力有待提升。投资决策受多种因素影响，不仅仅是表面看到的价格、新闻等，还需要了解背后的文化、历史、供需等，这些深度学习的能力，机器很难做到。

二是成本门槛。每增加一台服务器，或者改进一个算法，都是成本与资金的博弈。机器学习效率存在一个"拐点"，一旦超越拐点，其学习效率增长非常缓慢。

三是买方投顾和卖方投顾会成为"中国式的两难选择"。买方投顾和卖方投顾，其实说的就是智能投顾该由谁来买单的问题。受传统习惯影响（中国投资者一般不接受付费），这就使得投资顾问和销售捆绑在一起。

四是监管问题。如果被监管者都成为 AlphaGo，那监管者怎么办？对智能投顾的监管可能会要求在智能投顾客户服务端安装一个监管的"敌我识别器"，类似于民航监管飞机的应答器，由它来抓取行为主体的相关特征，然后做统计和进行监管，这可能成为智能投顾开发者心中最大的"Bug"。

---

① 黄鑫宇：《智能投顾的"四大 Bug"》，载《首席财务官》，2017（2）。

第七章 网络借贷

本章的移动借贷主要指机构对个人（B2P）、个人对个人（P2P）的贷款。B2P 平台一方面可以直接发放贷款，另一方面也可以与第三方机构（商业银行）合作发放贷款。而 P2P 主要是信息中介模式（类淘宝模式的贷款），平台主要为融资人（或称借款人）和投资人（或称出借人）提供信息中介服务，平台本身不提供担保、信用转换和期限转换等功能，借贷风险由投资人自己承担。目前，在中国，绝大部分 P2P 平台还不是真正意义上的 P2P，而是打着 P2P 的幌子搞资金池、债权分拆，甚至是集资诈骗，只有极少数 P2P 平台属于信息中介模式。

一、B2P 网络贷款

目前，B2P 网络贷款（以下简称网络贷款）的主要提供主体有商业银行、移动运营商、小额贷款公司等，现实中，部分互联网公司通过旗下的小额贷款公司、商业银行等主体提供网络贷款。

（一）典型特点

网络贷款的核心是利用大数据征信对客户进行信用评级或评分，根据信用评级或评分的结果，通过互联网直接发放贷款。客户贷款的额度、利率、期限、偿还方式和违约罚则等要件完全通过互联网给出，减少了传统贷款在线下进行的贷款申请、人工传递、贷款审核、内部流转、风险评估等环节，显著降低了贷款的交易费用，具有速度快、成本低等特点。比如，通过手机银行、网上银行、App 等直接发放的贷款就属于网络贷款的范畴。

网络贷款完全通过互联网进行，具有如下典型特点：一是由于贷款发放的过程完全互联网化，贷款效率高，一般几分钟就可以完成，比如，微粒贷。二是贷款额度一般不会太高，主要是因为受"信用惯性"的影响，以及出于风险控制的考量。三是贷款的客户群体分化，由于网络贷款完全通过互联网进行，要求客户在互联网上留下痕迹，这是必要条件，这使得网络贷款的客户群体与传统贷款相比出现了分化，传统贷款的对象主要是具有稳定收入或者具有抵押品的群体，群体年龄一般偏大，网络贷款的对象主要是网上留痕、未来可能有较高收入的群体，群体年龄较年轻。四是网络贷款不仅可以获知客户的还款能力，还可以获知客户的还款意愿，这有利于风险控制。

目前网络贷款应用的领域主要是无抵押的信用贷款，减少了抵押品、担保等环节，可以快速获得贷款，当然，有些网络贷款也可以有抵押，比如，阿里的网络贷款有时以客户的商铺作为抵押。需要说明的是，正因为是无抵押的网络贷款，所以与传统贷款相比，网络贷款的金额一般不会太大，这是因为：一是小额贷款主要看重还款意愿，因为金额小，随着时间的推移，多数人会"自动具备"还款能力。二是小额贷款金额小而分散，可以通过"大数定律"来分散风险，单笔贷款即使成为不良贷款，损失也不大，自身能够化解风险，当然，系统性风险除外。而传统贷款在线下完成，交易成本高，只有金额大才能降低单位成本，实现盈利。而网络贷款借助于互联网，完全线上运作，交易成本较低，能够聚沙成塔，实现大规模盈利，这也是网络贷款存在的前提条件。当然，随着社会征信的发展与信用环境的改善，网络贷款也可能实现大额贷款。

（二）机器学习与用户画像

在网络贷款中，机器学习是关键。我们知道，要使贷款程序简单直接，需要利用互联网技术，需要机器学习的配合。机器学习的核心是设计一套可以让计算机自动"学习"的算法，即设计一套计算机可以读得懂的语言，使计算机可以从一堆看似"杂乱无章"的数据中自动分析出某种规律，并通过这种规律对未知数据进行预测分析的算法，学习算法中涉及了大量的统计学、计量经济学、经济学等知识，主要的算法有神经网络法、似然估计算法、贝叶斯学习算法等，主要的学习方法有监督学习、非监督学习、强化学习等。机器学习的核心是如何把人类语言转化为机器语言，再把机器语言转化为客户标签，其中，涉及指标体系的构建、数据来源、算法、学习方法等。机器学习与大数据有效配合，对客户进行画像，可以在一定程度上接近获得客户的真实信用，进而可以快速得出是否应该对该客户发放贷款的结论。

网络贷款依赖客户的行为数据，不仅仅限于银行信贷数据，使得这部分没有银行信贷记录的人群，可以通过大数据征信获得贷款。大数据征信可以在一定程度上识别出客户的还款意愿与还款能力，识别出未来有潜力的客户对于这部分群体，传统贷款无法识别，或者识别的成本很高，进而不愿意提供贷款。而如何有效识别客户，需要通过客户的多维信息，进行用户画像。用户画像是指作为个体的用户所有信息标签的集合，即分析和搜集用户人口学属性、行为轨迹、显示性偏好、社会交往（这是"物以类聚、人以群分"的体现）、前景预测、收入情况等多维信息，综合用户的所有可能标签，勾勒出用户的整体特征与轮廓①。

最后，需要说明的是，大数据分析也不是非常精准，不是数学上的必然事件，而是一种强相关的相关关系。

（三）应用案例

著名的信用评级公司 ZestFinance，除了传统结构化数据等信息收集渠道外，还搜集客户多维的网络信息，比如客户在网络社区中的点击、翻页、关注、分享、点评等社交数据；并通过客户经常使用的网络 IP 地址。网络使用渠道，比如是使用 WiFi 还是移动运营商提供的网络，以此判断该客户来自哪里、使用什么类型的电脑、是否玩游戏、是否喜欢读书、感兴趣的话题等，还通过申请人在申请贷款时，在网页上停留的时间等信息来判断其教育背景、还款能力与还款意愿。再如，百度可以根据客户的搜索行为、点击量等来发放贷款，百度能够获取企业客户在百度投放关键词的历史，根据广告投放量、点击量等，百度可以大致测算出该企业的基本情况，比如，企业的发展前途、现金流等，并据此发放贷款。百度的这套指标体系不如阿里的精准，但也可以在一定程度上勾画出企业的轮廓②。此外，移动运营商可以通过手机通信录、通话时间、短信情况等信息来发放贷款，目前，手机通话已实行实名制，手机号码实际上就是一个账户，记录了客户的行动轨迹、心理活动、社交网络等核心信息，甚至记录了客户日常生活中的点点滴滴。比如手机通信录联系人的多少、通话的频率和时间、通话

---

① 丁伟、王题、刘新海、韩涵：《基于大数据技术的手机用户画像与征信研究》，载《邮电设计技术》，2016（3）。

② 当然，企业在各种媒体上打广告，本身也可能给出一个负面信号，这个企业可能只是靠"忽悠"来生存，比如 e 租宝事件。但一个企业能够连续多年在不同媒体上打广告，只靠"忽悠"是办不到的。

对象的地理位置等，可以大致画出客户的基本情况。随着移动互联网的发展、智能手机的普及，客户大量消费行为发生在手机等移动终端上，这些信息有助于评估借款人的信用，并据此发放贷款。

目前，国内比较典型的案例有花呗、微粒贷、京东白条等，具有审批速度快、服务方式灵活、交易成本低、信用多维信息等优点。这里我们以京东白条为例进行分析。

京东白条的亮点："先消费，后付款"，享受最长 30 天的免息期、最长 24 个月的分期付款。京东通过用户的购物习惯、信用状况、收货地址稳定程度等，结合多种因素和数据去"识别"用户，然后迅速给出"白条"是否可激活的评定结果。京东白条将金融消费植入场景之中，已覆盖了电商、O2O、教育、租房、装修、旅游等众多消费场景。在风险控制方面，利用先进的大数据技术进行征信，突破以信贷数据为主要指标的传统征信模式。引入白名单邀请制，主动规避逆向选择问题。同时通过"天策决策引擎系统、天盾账户安全与反欺诈系统、天网交易风险监控系统"对每次账户行为进行后台安全扫描，实时计算，识别恶意行为及高风险订单。

京东白条主要通过资产证券化来盘活存量资金。京东白条 ABS 通过证券公司专项资管计划实现。出于对京东白条资产质量与风控技术的认可，在京东白条 ABS 发行的过程中，没有引入外部担保等增信措施，而是采用了超额覆盖以及优先劣后分层等内部增信方式。

京东白条的争论：京东白条是商业信用还是银行信用？一部分人认为，京东白条的本质是赊销，客户延迟向京东及其平台上的商家支付货款，如果用户不能用京东白条来消费京东平台以外的其他产品和服务，京东白条就应该属于"京东商城应收账款"，属于商业信用行为而非银行信用。而另一部分人则认为，京东白条可为客户提供最长 30 天延期付款或者 3 ~ 24 个月分期付款两种不同消费付款方式以及一定的信用额度，其本质就是信用卡，属于银行信用的范畴，如果是银行信用，假设可以用信用卡还京东白条的话（以前可以，现在不支持信用卡还款了），还可能存在庞氏骗局。

二、基于熟人社交的 P2P

这里的 P2P 平台主要指提供信息中介服务类的平台，借款人可以通过 P2P 平台提出贷款需求，递交贷款申请，并提交相关的贷款及个人信息，如：贷款金额、用途、期限、利率、个人职业及收入稳定状况等方面的信息。P2P 平台对于借款人的相关信息会做一定的审核，如身份证信息、户口簿、个人征信报告等（主要也是形式上的审核）。如果 P2P 平台审核通过，则借款人的贷款需求会在 P2P 平台上公布，并推介给投资者。出借人（或称投资者）将根据 P2P 平台上对该笔贷款的相关信息来判断是否投资。如果借款人的借款计划在限定的期限内有足够的投资人来投资，则借款计划撮合成功，否则，借款计划失败（引入了阈值机制，同时要注意投资人不能突破 200 人的限制）。

该模式最大的特点是，P2P 平台仅提供借贷信息服务（与淘宝模式类似），不提供担保、资金池等信用中介服务，平台可能提供催收、支付、咨询等中介服务。

基于熟人社交的 P2P，其核心是交易在熟人之间进行，在没有发生借款之前，相互已经认识，即熟人之间已有信任，信息更对称，这有助于控制金融风险。熟人之间借款隐含着人情、友谊等因素，即使借款方偶尔违约，不能还款，也存在"人情债"，因而可以适当提高违约的容忍度。此外，双方共同的朋友圈，也对借款方违约有一定的约束作用①。

（一）典型特点

基于熟人社交的 P2P 与民间借贷存在区别。一是熟人社交 P2P 利用互联网进行交易，多了一层"面纱"，少了一些碍于情面的事情，因此，借贷双方可以相对"自在"一些，比如，传统线下的民间借贷，对借款人来说，需要钱时，可能会碍于情面，不好意思开口找熟人借，而在互联网上，借款人只需把借款的相关信息，比如，期限、金额、利率、还款条件等信息在网络上公布，其信息就会自动传达到借款人的熟人圈。对于出借人来说，一旦借款人不能按期还款，出借人碍于情面，也不好催款，但在互联网上，出借人可以直接在网上进行催缴，也可以通过 P2P 平台进行催缴。

基于熟人社交的 P2P 与一般 P2P 的区别是：一般 P2P 的信息是借款人自己披露的，其真实性无从考证，而熟人社交的 P2P，借款人提供的信息，一方面可以基于已有的交往信息判断其真假，另一方面也可以通过第三方进行验证，比如向双方共同的朋友咨询等。

基于熟人社交的 P2P 由于知道借款人是熟人，多了一层信任，更容易

---

① 但是，借款人可能为了借贷，盲目交朋友、"刷"朋友，同时也存在专门骗熟人的情况（比如传销）。因此，基于熟人社交的 P2P 平台在发展过程中需要引入外部适度监管。

达成交易。需要说明的是，这可能也会带来另外一个问题，即由于知道借款人是熟人，出借人可能会放松对借款人信息真实性的核实，借款人也可能利用这一点来恶意借钱。

（二）应用案例

在中国的 P2P 模式中，借贷宝主要是信息中介，不同于进行信用担保和信用转换等主流 P2P 模式，属于真正意义上的 P2P 网络借贷平台，主要由借贷双方自由匹配和交易。

借贷宝的特点：借贷宝主打熟人借贷，单向匿名，借款人实名，出借人匿名。客户注册借贷宝，借贷宝会主动匹配客户通信录里已经注册借贷宝的好友，好友是否存在借款也会提醒客户，借贷宝利用熟人社会的信用，利用熟人圈的声誉机制和信息收集便利，对客户违约具有一定的约束力。

借贷宝一直在争议中成长，围绕借贷宝的争议主要围绕如下几个方面（当然，目前这些问题借贷宝大多已经整改）：一是借贷宝在借款额度上明显超越红线（个人用户借入额度不超过 20 万元）。二是存在"赚利差"，如用户低价从借贷宝借钱，再高价转让，赚取利差。三是存在"裸条"现象，部分出借人存在不合规的风险控制。四是盲目通过借贷宝认识朋友，扩大朋友圈，但在网络虚拟社区里，由于没有对客户真实身份进行核实，也没有通过"交往"对客户进行交叉验证，一旦有人利用该漏洞，风险可能会呈几何级数增加。

（三）未来展望

时任招商银行行长的马蔚华于 2012 年 7 月在哥伦比亚大学中国企业研究中心全球高峰论坛上的讲话中提到，以"脸谱"为代表的社交网络，威胁到了银行存贷中介的功能。在"脸谱"的网络社区里，网名之间信息充分共享。其中有很多提供存款，也有很多需要资金，将来可以通过搜索引擎让资金供给和需求进行有序排列，通过云计算和资讯体系的完善，确定风险成交的价格，每个人手里有一个移动终端（主要是手机），都可以在手上完成，不需要银行作为中介。马蔚华指的固然是未来的情形，但是我们从中可以看到移动互联网、手机等移动终端给金融业带来的巨大挑战和机遇。

随着移动互联网、云计算、人工智能（模拟人类的思维方式，比如，语音识别、图像识别、机器人等）等的发展，人们很多金融交易与资源配置可以在手中完成，金融的使用趋于傻瓜化，而金融的后台处理日益复杂化。

三、基于证券资产的 P2P[①]

证券公司拥有庞大的客户群，客户的融资需求很大，但由于证券公司自有资金有限，难以有效满足客户的融资需求，因此，需要证券公司搭建平台，撮合资金供求双方的匹配。证券公司开展基于证券资产的 P2P 具有如下优势：一是证券公司与商业银行相比，在一定程度上实现了买者自负，打破了刚性兑付，契合 P2P 的信息中介功能。客户通过证券公司买卖证券，发生亏损后会自担风险，如客户购买证券公司的资管计划等产品后即使发生亏损，客户一般也比较克制，不会上街闹事，而商业银行则不具备这一条件，客户购买银行的理财产品，即使事先声明是非保本理财，一旦发生亏损，客户也会找银行"刚性兑付"。二是证券公司本身是提供专业服务、撮合交易的中间商，拥有庞大的客户群，这是开展 P2P 的前提条件。三是证券公司是正规金融机构，同时互联网化水平较高，开展 P2P 具有较强的信誉和技术优势。四是证券以客户持有的证券资产作为担保、背书，开展 P2P 的风险可控。

（一）市值质押 P2P 融资业务

市值质押 P2P 融资模式是客户将其证券资产质押后通过平台融资。该业务涉及的折算率、标的池、风控标准可借鉴券商股票质押和约定购回业务，客户通过质押后形成 P2P 融资标的自动发送到互联网平台的前端，推介给相应的投资者。该业务在三种基于证券资产的 P2P 融资模式中风控标准最严格。这种模式需要中国证券登记结算有限公司提供实时的股票质押/到期解押的业务和系统接口支持。

（二）监控市值与资金 P2P 融资业务

市值信用 P2P 融资模式是客户以其证券资产的市值"软质押"后通过平台融资。软质押是对客户"质押"后的资产不做实际的质押操作，而是监控其市值在一定范围内波动并控制保证金的转出，确保证券持仓账户总证券资产与融资负债比率在一个风险可控的水平。该业务在三种基于证券

---

① 本部分内容参考了广发证券的报告。

资产的 P2P 融资模式中风控标准属于中等。

（三）市值信用参考 P2P 融资业务

信用 P2P 融资模式是以客户证券资产的市值作为信用评级的参考，并利用历史过往累积的数据，通过大数据分析对客户进行深度分析，从而对其授信融资的方式。这种模式下，客户可以自主交易其证券持仓资产，并可转进转出。信用模式实时监控客户的行为，如发现行为资产的异常才对其进行相关干预。该业务在三种基于证券资产的 P2P 融资模式中风控标准最低。

第八章　互联网信息服务

金融信息服务有助于解决金融业的信息不对称问题，金融信息服务的核心是把有用的信息以便利的方式及时传递给用户，包括信息使用者、信息服务者、信息内容、信息服务工具等。

根据信息服务的内容不同，金融信息服务平台可分为信息沟通平台、信息资讯平台和信息搜索平台。根据信息服务的提供模式不同，可以分为独立第三方资讯平台、金融机构兼业服务平台、与第三方机构合作的服务平台等。

目前，国内主要的金融信息服务商有同花顺、大智慧、东方财富等，它们都是独立的第三方信息资讯平台。国外主要的金融信息服务商有路透社、彭博社、道琼斯公司等。本章主要分析国内的几家金融信息服务商。

一、信息沟通平台

（一）广发证券"金钥匙"①

"金钥匙"被称为券商版的"滴滴打车"软件，是广发证券 2014 年推出的基于互联网时代的客服新模式，旨在为客户提供全天候、无盲区的贴心服务。用户可以通过不同服务终端（App、广发微信公众号、广发易淘金网站、网上交易终端、Web 交易端）发起预约开户和咨询问答等。可以实现 7×24 小时有问必答，服务的平均响应时间为 13 秒，实现了秒级快速响应客户需求，系统支持实时异步咨询问答、电话直拨服务、转单专家团队、一站式产品购买、一键式开户等服务营销功能。

"金钥匙"希望重塑互联网模式下的组织机制，充分利用现有的资源进

---

① 资料来源：https：//key. gf. com. cn；广发证券相关研究报告。

行服务营销。在没有额外增加人力成本的前提下，通过有效的激励机制调动全系统服务人员积极参与金钥匙抢单，建立了全行业最大的"呼叫中心"。利用"金钥匙"系统首次实现服务营销全过程的跟踪记录，通过系统存档，为下一步进行大数据分析、挖掘客户需求、提升服务质量、规范服务行为、实现精准服务营销奠定了基础。

广发证券的"金钥匙"具有如下优点：

一是系统一端连接来自线下各分支机构超过7000名的服务人员，另一端连接来自互联网的海量客户。系统传承了"滴滴打车"的精神，采用抢单模式来匹配服务，当客户通过互联网发起服务请求时，系统可以瞬间将服务请求推送至7000名服务人员，首先抢到服务订单的服务人员才能服务客户。

二是系统为每个服务人员配备电子钱包，每完成一单服务，都会有相应的绩效在电子钱包体现，通过这种市场化机制激发服务人员的积极性。

三是"金钥匙"是基于移动互联网设计的，服务人员的终端通过App在手机上实现，消除了工作时间的概念，可以随时随地提供服务。

四是为了提升服务水平，金钥匙系统内置"知识库""专家团"，并通过"转单"机制为服务人员提供工具支持，力求解决客户的每一个问题。

五是广发证券传承互联网开放、共享的理念，与各类财经门户、地方网站、金融机构网站和各类App应用合作，在为更多客户提供专业证券服务的同时，还为自身业务带来更大的入口和流量。

广发证券"金钥匙"也存在几点不足：一是真人解答，在解答过程中顾问可能断线离开，虽然可以换人咨询，但存在重复咨询的问题，增加了客户的时间成本。二是专业性有待提高，对股票行情、选股等问题的回答质量比不上专业理财顾问。三是客户未登录时只能询问"规则类"问题，登录账户后才可询问股票相关问题。

（二）"工银融e联"

"工银融e联"是工商银行顺应移动互联网时代客户沟通服务方式移动化、碎片化的发展趋势，由工行自主研发推出的移动金融信息服务平台，具有"消息""通信录""发现"及"我"四大功能，是支持跨通信运营商、跨手机操作系统的即时通信平台。客户通过该软件不仅可以向工行及其他联系人发送图文信息进行联络沟通，还能发送朋友圈、办理转账汇款等，满足客户信息交流、分享及业务办理等多种需求。

在消息界面，默认展示与好友、群组、服务号的聊天信息。在通信录界面，"通信录"页签上方展示"新的朋友""群聊""标签""服务号"四个功能标签。在发现界面，"发现"页签上方展示广告栏目；广告栏目下方展示"朋友圈""扫一扫"功能，下方展示融 e 行、融 e 购、e 生活、e 缴费、网点预约、纪念币预约、财富吧、工银直销银行、码上赢、e 投资、计算器等功能及应用。客户可轻松便捷办理各类金融交易，如好友转账、理财产品一键购买、AA 收款、二维码收付款等；可根据个人需要选择社区金融服务、商圈服务以及合作机构增值服务等。

"工银融 e 联"有如下优点：

一是同时具有投资和社交功能。一方面，用户可以像社交软件一样交友聊天；另一方面，具有专业投资顾问、"在线客服"、AA 收款、好友转账、扫码支付等功能，可以充分利用空闲时间办理个人银行业务和理财业务。

二是安全性强。由于采用系统加密方式，"伪基站"无法通过"融 e 联"向客户发送信息，用户通过"融 e 联"接收个人账户信息，在一定程度上可以避免因诈骗短信引发的风险事件（但是诈骗短信依然可以伪装成95588 这个号码继续给用户发送）。用户可设置"工银融 e 联"App 接收的账户（包括信用卡、借记卡或存折）每笔交易都收到推送消息提醒，实现交易安全监控。

三是免费的余额提醒，节省费用。用户可通过"融 e 联"接收资金变动提醒、余额提醒、还贷金额提醒、网银登录转账汇款提醒等信息，享受免费服务。"融 e 联"开通免费，接收工行资讯也免费。

"工银融 e 联"的不足：一是耗电量大，注册复杂，客户体验不好。二是业务功能与手机银行存在重复，便捷性甚至不如手机银行，而且必须下载工行其他 App 才能完整使用。三是余额提醒和资讯消息没有明确区分。四是单个 App 占用内存较大，会出现各种闪退，信用卡 300 元以下消费无免费短信提示。

二、信息资讯平台

国内的信息资讯平台有两种模式，一是独立第三方资讯平台，比如，同花顺、大智慧、东方财富等。二是与第三方机构合作的平台，比如，蚂蚁聚宝与第一财经、纳斯达克交易所等机构合作，为用户提供包括 A 股、港股、美股在内的资讯服务。这里简单介绍一下东方财富与同花顺。

东方财富和同花顺主要是提供财经资讯和金融信息（尤其是资本市场信息）的平台，同时提供财经互动社区平台，满足用户互动交流和体验分享需求。二者主要围绕资本市场提供相关的资讯和中介服务，涵盖行情、资讯、指标功能、交易等功能。另外，还可以为证券公司、基金公司等机构导入流量，比如，东方财富与天天基金、东方财富证券合作，导入流量。

主要优点：一是账户互联互通，全站共享，可以从第三方账户导入。二是资讯平台滚动发布财经资讯，咨询及时并且质量较高。三是东方财富推出了股吧模式，类似百度贴吧，用户数量呈现出指数级增长，用户的互动频率较高，整体活跃度较好，提升了客户的互动性，股民之间可以就股票进行讨论。同花顺的股友之间可以就个股进行交流，方便中小股东交流了解个股。四是同花顺推出了机器问答，利用人工智能，用户只需要键入问题的关键词，瞬间可得出相关的答案。五是同花顺在功能设计上，界面比较简洁，突出"自选股 + 交易 + 咨询"功能。

主要不足：一是东方财富的手机 App 界面相对烦琐，界面堆积的信息太多，影响客户体验。二是二者"引流"功能或者通过其虚拟账户对接券商等金融账号，涉嫌非法经营证券，受到了证监部门的处罚。

三、信息搜索平台①

智能金融搜索是指运用大数据、云计算以及人工智能等技术为客户提供智能化金融信息搜索服务，与传统的金融信息搜索相比，智能金融搜索具有搜索范围更广、分析效率更高以及内容相关性更强等优势。

目前，国外一些金融机构（比如 Goldman Sachs、JP Morgan 以及 Fidelity 等）开始接入智能金融信息搜索服务，用来提高工作人员的信息搜索效率，让工作人员能够把握住最佳的投资机会。本部分通过介绍数家智能金融搜索公司，来说明智能金融搜索行业的发展概况。

---

① 杨鑫杰：《智能金融搜索公司概述》，载《南湖互联网金融学院报告》，2016。

（一）Kensho

Kensho 是一家智能计算机系统先锋公司，于 2013 年在美国马萨诸塞州成立，公司通过云计算、自然语言搜索和图形化用户界面，为金融市场的客户提供一套全新的数据服务。公司的云软件可扫描超过 9 万个文件（如药品审批、经济报告、货币政策变化和政治活动以及它们对金融资产的影响），能够及时为超过 6500 万个问题找到答案。

Kensho 开发的 Warren 应用软件，利用机器学习简化金融分析，使之像在 Google 上搜索那样简单，并且能够回答复杂的金融市场问题，例如"在英国脱欧后，汽车公司的股价是怎么变化的"？Warren 立即将问题转换成机器可以识别的信息，通过扫描药品审批、经济报告、货币政策变化、政治事件以及这些事件对金融资产的影响，得出问题的答案，并以图形的方式直观呈现。此外，Warren 还具有自我学习能力，等到下次客户问到类似的问题时，Warren 就能利用以前的计算逻辑结合当前数据进行分析，迅速给出回答，大大提高分析的效率。

Kensho 在 2014 年从 Accel Partners、Breyer Capital、General Catalyst、Google Ventures 以及 NEA 等筹集 1000 万美元种子资金，2015 年，公司又在高盛主导的第二轮融资中筹集 1500 万美元，此次投资对 Kensho 的估值达到上亿美元级别。2018 年 3 月，Kensho 被标普全球（S&P GLOBAL）以 5.5 亿美元收购（以现金加股票的方式），该收购是迄今为止华尔街最大规模的人工智能公司收购交易。Kensho 未来发展存在的一个障碍是，实现量化分析的大众化目标与隐私保护、排他性的金融文化之间的矛盾。

（二）AlphaSense

AlphaSense 2010 年问世，主要面向专业投资者提供智能金融搜索引擎服务，该搜索引擎通过专有的自然语言处理和机器学习算法，帮助投资者通过去除"噪声"，筛选出关键性的数据信息，为专业人士解决信息轰炸和碎片化的问题。目前 AlphaSense 在全球范围内拥有 450 个企业用户，其中包括了 JP Morgan、Credit Suisse、Pfizer 等知名公司。

AlphaSense 的搜索对象来自 1000 多个卖方调研提供者和 35000 多个上市公司，包括券商研究报告、证监会文件以及新闻稿等公开或授权的金融信息。AlphaSense 搭载能分辨金融术语语义的功能，当用户搜索"Revenue"时，界面提供的文档除"Revenue"以外，还包括"Sales"或"Top line"

等相关的文档。

传统金融机构的从业员工平均每天花费 36% 的时间调查和整理信息，其中用 56% 以上的时间在不同网站或数据库中搜索信息。Alphasense 把网站和数据库上的资料聚集在一起，并加上智能搜索的功能，提高金融人士的工作效率，节省花在信息搜索上的时间，能有更多的时间进行复杂的逻辑判断。

（三）Dataminr

Dataminr 是一家社交媒体数据公司，于 2009 年在纽约成立，主要为金融机构和政府部门提供数据分析服务。公司利用复杂的机器学习算法以及自然语言处理技术，能在信息流中挑选出用户需求的信息，并将其推送给客户。公司已累计获得超过 4 亿美元融资，投资者包括 Fidelity 和 Institutional Venture Partners（IVP）等著名的金融机构。

2012 年初，Dataminr 成为 Twitter 实时分析平台的主要合作伙伴。公司通过综合分析 Twitter 用户的位置、信誉，以及相关的新闻链接、市场容量和市场价格等信息，快速筛选出对特定企业客户比较关键的推文，及时对企业客户发出预警，降低客户的风险损失。

为了尽量排除误报的情况，Dataminr 还包含自调整能力，如从误报内容相关地点附近的推文中寻找蛛丝马迹。例如，在 2013 年 4 月曾有过推文假报白宫有炸弹的消息，造成道琼斯工业平均指数在数分钟内下滑了 145 点。但 Dataminr 之后通过对白宫附近的一些实时推文分析，对客户发出报告称该消息很可能是假的。

（四）Minetta Brook

Minetta Brook 是一家基于大数据的商业智能服务商，于 2011 年在美国华盛顿成立。公司借助机器学习、数据挖掘以及自然语言处理等技术，帮助用户从大量动态的非结构化数据中快速提炼和挖掘存在联系的新闻信息，帮助用户发现潜在的机会和风险。

公司在 2014 年推出公司的第一个产品——Knewsapp，该产品使用独特的自然语言分析技术，每天对 47000 多个网站或数据库中的数百万篇文章进行分析和评分，让用户能够快速地对各个新闻的价值进行排序。Knewsapp 已成为第一个被彭博社选中用于补充 Bloomberg News 的产品，为用户提供实时的新闻、市场数据和分析研究服务。

　　Knewsapp 在两方面具有明显的优势。第一，Knewsapp 能够及时对新闻信息进行分析和评分，让用户能够在最短的时间内获得最有价值的新闻信息，不仅能提高用户的效率，而且有助于用户把握最好的投资时机；第二，有限的阅读时间和传统的阅读习惯使用户更倾向于阅读热门新闻，热门新闻很少存在具有投资价值的信息，而 Knewsapp 则另辟蹊径，通过内容的关联性为用户提供新闻信息，用户可以获得更具投资价值的信息。

第九章 互联网生活服务

金融机构提供互联网生活服务的实质是跨界，金融机构通过跨界经营把金融贯穿于人们日常生活之中，一是为了增加客户黏性，提升金融服务的体验；二是主动应对外部竞争。当下，金融与非金融呈现出逐渐融合的趋势。

既然金融机构提供互联网生活服务的实质是跨界融合，因此，本章一开始先对跨界融合进行分析。

一、跨界融合

（一）金融机构跨界融合的表现形式[①]

互联网的网络属性可以在几乎不增加成本的基础上为更多的客户服务，这增强了企业跨界的冲动。跨界的实质是混业经营。

跨界融合是一种新趋势，以金融业为参照系，这里我们把跨界分为两种模式：一是互联网企业和传统金融相互竞争和融合。一方面，传统金融加速互联网化；另一方面，互联网企业全面介入金融领域，互联网企业利用自身大数据、互联网技术等优势提供互联网金融产品，全面介入金融领域，成为互联网金融创新的主力，比如，在金融产品的网络销售中，银行理财产品、证券投资产品、基金、保险产品、信托产品等完全可以通过同一个网络平台销售，表现为金融业内部银行、保险、证券的混业。二是金融产品引致的跨界，主要是金融和非金融的结合。互联网金融创新内生于实体经济的金融需求，在一定程度上接近于王国刚（2014）提出的"内生

---

① 谢平、邹传伟、刘海二：《互联网金融的基础理论》，载《金融研究》，2015（8）。

金融"①。一些实体经济企业积累了大量交易数据，可以用于金融活动中，代表者是阿里巴巴和京东等电子商务公司。不仅如此，共享经济（Sharing Economy）正在欧美国家兴起，交换活动普遍存在，只要人与人之间的资源禀赋不一样或者分工不一样，就存在交换和匹配。互联网提高了交换和匹配的效率，使很多原来不可能交易的东西能够以交易或共享的方式匹配。比如，打车软件使出租车的市场匹配发生了很大变化，减少了旅客排队等出租车的时间，也减少了出租车"扫大街"空驶的情况。将来可能的情景是，每辆出租车有若干固定客户，每个客户也有若干出租车司机为他服务，每个人还可以通过市场自行拼车，这样出租车市场的资源配置效率会非常高。

跨界融合可以充分发挥传统金融机构和互联网企业的优势，引致更多的创新。传统金融创新主要是金融产品或金融契约的创新，即使用金融工程技术和法律手段，设计新的金融产品。部分新产品具有新的现金流、风险和收益特征，可实现新的风险管理和价格发现功能，从而提高市场完全性，比如期权、期货和掉期等衍生品。部分创新产品则以更低交易成本实现已有金融产品及其组合的功能，比如交易所交易基金。总的来说，传统金融创新强调流动性和风险收益转换。互联网金融创新则体现了互联网精神对金融的影响，互联网精神的核心是开放、共享、去中心化、平等、自由选择、普惠和民主。互联网金融反映了人人组织和平台模式在金融业的兴起，金融分工和专业化淡化，金融产品简单化，金融脱媒、去中介化、金融民主化、普惠化。因此，互联网金融的很多创新产品与衣食住行和社交联系在一起，经常内嵌在应用程序中，产品实用化、软件化，自适应生成，强调行为数据的应用，一定程度上体现了共享原则。目前的典型案例包括余额宝、京东白条、微信红包等。

（二）金融机构跨界融合的现实表现

当下，金融机构尤其是商业银行跨界融合，主要表现为积极拓展电子商务，比如，中行"中银易商"、农行"E商管家"、工行"融 e 购"、建行"善融商务"。再如，2013 年 9 月，交通银行推出的电商平台——交博会，在银行电商平台中首家推出"积分消费百货店"概念，以金融服务为核心，打造开放式的金融电商平台。中信银行提出用电商模式运作金融产品，再

---

① 王国刚：《从互联网金融看我国金融体系改革新趋势》，载《红旗文稿》，2014（8）。

造一个网络银行。民生银行通过旗下子公司发起成立民生电子商务有限责任公司，从事金融资产交易、B2B 和 O2O 业务。其中 O2O 业务计划通过5000～10000 家小区金融便利店，实现线上销售与线下实体店联动的离线商务模式。华夏银行利用外接电商平台方式对接供应链上下游企业、大宗商品和市场商圈管理方平台等客户，创新银行支付结算与融资等服务产品。

商业银行等金融机构纷纷跨界的原因何在？主要是因为跨界融合是其发展的新机遇，表现在：一是构建金融服务的场景。在某种意义上，场景是金融机构的核心竞争力，发展电商平台可以构建个人的生活消费场景和企业的生产场景，进而可以延伸传统金融服务，比如支付、贷款等。二是直接介入客户交易流程，为客户提供集信息、金融和物流服务于一体的综合金融服务。三是直接掌握客户的交易行为，有针对性地满足客户需求，从而提升客户满意度和黏性，实现金融与非金融产品和服务组合，成为客户和业务增长的新途径。四是实施业务转型和金融服务创新的需要。面对互联网企业的跨界竞争，金融机构尤其是商业银行发力电商，可以提高中间业务收入，实现业务转型。五是激活银行的品牌形象、客户基础和综合金融服务能力。

二、综合性生活服务平台

人类的生活具有群聚效应，人们会基于某个社区聚集在一起。与此相类似，商业也具有群聚效应，为了满足这类人群的金融需求，首先，我们需要满足这类人群的生活服务需求，通过生活服务需求来实现金融需求的满足，进而实现金融与非金融融合发展，典型案例如中银 e 社区、悦生活、民生智家等。

（一）中银 e 社区[①]

中银 e 社区是中国银行打造的智能化社区服务平台，集成了综合物业、住户、商家与银行。在中银 e 社区所构建的数字化社区生活场景中，用户可以获得便捷的本地化生活服务以及触手可及的实惠。中银 e 社区通过线上服务和 App 为用户提供优惠的衣、食、住、行、学、美、娱等全方位的社区生活服务，并提供高效便捷的支付缴费服务，包括水电煤缴费、物业缴费

---

① 资料来源：http://e.boc.cn/ehome/。

等。中国银行还专门为社区业主量身定制 i 生活卡，该卡较好地融合了金融支付、物管查询、商家会员、便民缴费、门禁车禁等功能，实现一张银行卡享受社区场景下的各种综合服务，使用该卡进行支付还可以享受一定的优惠。

中银 e 社区打造了"三通一管"的产品服务体系，为社区业主提供"生活通"App，方便业主随时、随地、随心地享受社区服务，实现了"线下一卡通，线上生活通"；为物业公司提供物业服务云平台和移动端"物管通"App，进一步提升物业管理与服务水平；为社区周边商户提供商户服务云平台和移动端"商户通"App，扩展商户线上销售渠道；为中行网点提供银行内部管理平台，延伸银行服务半径，精细化内部客户管理。

中银 e 社区的优势：把银行、物业公司、业主和周边商户联系在一起，在一定程度上能实现多赢。对银行来说，充分利用了现有物理网点，拉近了银行与社区的关系，优化了客户结构，增加了客户黏性。对物业公司来说，能够创新银企合作关系，提升物业管理效率和服务质量，提高企业市场竞争力。对于周边商户来说，能够精准定位客户，扩大销售市场，获得便捷的支付结算支持。对社区居民来说，能够便利其生活和金融服务。

中银 e 社区的不足：一是客户群体有限，活跃度不高。二是客户体验不好，没有客服，软件容易出现 Bug，系统经常进不去。三是绑定的银行卡不能解绑。四是理财产品的推荐不够智能化。五是资讯分享不足，比如医疗、金融资讯等文章内容有待增加完善。

（二）悦生活[①]

悦生活是建设银行推出的服务民生的全景化生活服务缴费平台。该平台旨在为客户提供包括水费、电费、燃气费、有线电视费、手机话费、宽带光纤、学杂费等在内的多样缴费服务，以及商户支付、还款收款、投资理财产品在线交易等功能。设有"生活缴费""行政教育""手机商盟""娱乐出行""善融商城""更多服务"六个子板块，涵盖基本生活、娱乐、教育、通信、出行、医疗、理财等多个领域以及信用卡还款、AA 收款等服务，旨在打造"您的生活好帮手"。网页端还提供了"我的悦生活"板块，提供交易记录查询、电子对账单查询、个人信息设置、缴费项目定制、待付款提醒等服务，同时设有常见问题解答区。

---

① 资料来源：http://life.ccb.com/cn/paymentv3/indexv3.html。

悦生活的优势：一是服务的缴费种类丰富，主要专注于生活缴费，涵盖 29 类日常生活项目的在线缴费、充值、支付等交易服务。二是服务范围广阔，服务覆盖全国 327 个大中城市。三是服务渠道多样，可通过"中国建设银行"微信公众号、手机银行、个人网银、Pad 银行、平台登录多种渠道登录。四是个性化服务，建行网银会员享受专属服务，随时查看交易记录和电子对账单。

悦生活的不足：一是差错处理不及时，比如有时存在用户可以缴费，建行显示付款，但供电局说不支持充值电费。二是不同的功能在不同地区的完善度不同，但每个功能都显示在软件上，有时候无法分清是软件出了 Bug 还是功能不够完善。

（三）民生智家

民生智家是民生银行西安分行打造的，以居民生活为中心，提供线上线下一体的电子商务服务平台，功能包括：公众及小区居民在线物业费缴费、查询，便民服务、房产租赁、社区医疗服务、在线购物、理财，平台上各商家招商、小区周边商家的营销及电子商务平台。其功能模块包括固定板块、常用板块、便民服务、联系客服、我的智家等。

民生智家的优势：一是功能区域划分明确，模块简洁。二是生活服务种类齐全，比如提供了中医在线健康知识分享。三是实现了银行、业主、物业的多方共赢。

民生智家的不足：一是网络规模效应略显不足，只服务于西安的社区，并且签约的社区较少。二是功能不全，比如，缺少及时信息、没有信息发布平台等。三是无社交账号链接分享。

三、垂直性生活服务平台

金融系统发力垂直性生活服务平台，典型代表如平安好医生、好车主，这是在中国平安集团"医、食、住、行、玩"五大战略规划的具体体现，也反映了平安掌舵人马明哲绘织的"医网、药网、信息网"三网融合的蓝图。

（一）平安好医生

平安好医生由中国平安集团旗下的平安健康互联网股份有限公司开发，

是集"家庭医生、名医问诊、健康社区、健康评测、健康习惯、健康档案"六大特色服务于一体,为用户提供一站式健康咨询及健康管理服务,用产业思维布局医疗,形成由传统平安银行健康险、线上平安好医生、线下万家诊所组成的平安版图。

平安好医生定位为连接医院、用户、保险支付方、服务提供商等多个利益相关方,形成开放式的互联网健康医疗服务生态圈。具体功能如下:提供专业医疗服务,比如,医生咨询、在线挂号、预约体检等;一站式购药体验,比如,在线购药、药房查询等;随身健康锦囊,比如,健康头条、健康直播、健康管家、健康工具、健康计划专业定制、健康内容个性化推送等。

平安好医生的优势:一是满足了不同用户的需求。针对用户需求,提供个性化的健康信息,并且实现健康管理个性化、健康档案云管理、健康保险定制化。二是打造健康圈子,吸引用户广泛参与。三是与保险合作,不仅安全有保障,也可以解决医疗费用过高的问题。四是自建的家庭医生团队拥有 1000 多名全职医生,在线开设妇产科、儿科、皮肤科等 22 个科室,全职为平安的互联网用户提供健康咨询。五是 7×24 小时在线咨询,客户无须等待,可直接进入咨询,医生可以持续追踪用户情况,咨询的页面首先支持文字和图片,还支持语音、电话、视频咨询等多种模式,是对传统医疗的补充。六是通过智能可穿戴设备,联结在线问诊和线下医疗中心,打造一个 O2O 闭环。

平安好医生的不足:一是诊所联盟标准难统一。目前,加盟"万家诊所"的诊所形式有四类:上线诊所、认证诊所、加盟诊所、旗舰诊所。平安对这四类加盟诊所都允许技术、设备自留,导致各加盟诊所的医疗服务质量参差不齐[①]。二是产品同质化问题日益严重,当前国内约有 2000 款移动医疗 App,大多数 App 涉足业务相当集中——网络问诊、挂号支付陪诊和医患随访。平安好医生的 HMO 模式也仍处于发展探索阶段[②]。三是医生的水平难以控制,平安好医生的全职医生资质靠谱,但回答问题的医生不一

---

① 程博:《商业健康保险在"互联网+医疗"模式下的发展思考——以"平安模式"为例》,载《上海保险》,2016(9)。

② HMO 管理式医疗模式(Health Maintenance Organization)是通过预防为主的保健筛查,降低整个医疗费用。因此,在欧美国家的 HMO 体系中,首先强调的是健康管理,防患于未然;其次是分级疾病治疗——家庭医生或社区医院主要负责治疗小病,专业医院则解决重疾,此时保险公司就会介入进来,通过引入规范医疗流程进行合理医疗控费,既保障用户得到专业全方位治疗,又让保险公司减少不必要的医疗理赔支出,最大限度解决用户的治疗付费难题。

定是医生本人，可能是助手代答，看病质量有待考证。

（二）平安好车主

平安好车主是由中国平安财产保险悉心打造的互联网车主服务平台，定位是用车助手、安全管家。未来将聚焦在车主安全这一核心目标，致力于将好车主 App 打造成车主安全防范中心，为广大车主提供用车、养车、安全管理等全方位的服务体验。

平安好车主为平安客户和广大车主提供可信赖的购买车险，快速理赔，违章查询、优惠购车、便民代办、维修保养、二手车报价等服务，提供专业的行车记录、汽车资讯和交流空间。

平安好车主的优势：一是用户优势，基于平安集团巨大的互联网用户基础及 2.5 万家合作厂商。二是全面的车后服务，直击用户痛点。强化平安产险在保险、理赔、安全等方面的专业性优势，与其他车险 App 形成差异化竞争，树立平安好车主在车险服务领域"保险专家、理赔专家、安全专家"的专业定位。三是打造开放的车服务平台，通过平安好车主连接平安内部服务资源、外部修理厂、汽车媒体等线上和线下资源，形成保险、便民、维修、养护、内容等多维服务格局。四是将线下理赔流程线上化，把烦琐的理赔步骤隐藏在简单的线上操作指引中，帮助客户在最合适的场景中选择最合适的服务，满足客户对车险理赔的"快速"和"简单"要求。五是抓住用户对汽车资讯的需求，平安产险发挥在汽车领域的专业性，为车主挖掘优质的内容服务，形成平安好车主社区服务的基础。六是方便、快捷、准确、违章代办快捷，足不出户即可在线代办全国违章；违章查询准确，违章数据与交管局全面对接，覆盖全国 335 个城市，准确率达到 99%；车圈消息实时更新，汽车资讯十分实用。

平安好车主的不足：主要是客户体验不够好，比如，闪退情况较多、开车记录经常上传不成功、访问速度慢。

金融科技应用篇

第十章　金融科技与金融普惠：
现实与可行性①

一、金融普惠的界定

金融普惠指想获得金融服务的人们能够获得金融服务，其中，主要是指弱势群体也能够获得金融服务。金融普惠首先是人们有金融需求，或者是通过市场手段来创造人们的金融需求，而不是政府一厢情愿的强推，如果政府强推，容易产生道德风险，可能会强迫人们贷款，如宋朝王安石的青苗法。总之，金融普惠强调获得金融服务的权利，是指人们在需要金融服务时可以获得相应服务，并非指每一个符合条件的人都必须使用每一项金融服务。

金融普惠具体包括如下三方面内容：一是基本金融服务的可获得性，服务内容除了存取款、支付等银行服务外，还包括证券、保险、农产品期货等方面的金融服务，获取手段除了传统的银行网点模式外，还包括通过手机银行、网上银行等新型渠道获得金融服务。二是融资的可获得性，主要包括各类贷款服务，比如农村产权抵押贷款、妇女小额担保财政贴息贷款、金融扶贫贷款（这类贷款具有一定社会性，单纯依靠市场化手段难以实现）等，以及其他新型融资服务，比如众筹、P2P 等。三是金融基础设施，主要表现为社会征信体系的建立、金融消费者教育等方面。

金融普惠不仅是实现社会公平正义的结果，也是实现社会公平正义的重要手段。"发展普惠金融"既是一种价值理念，更是金融发展的客观要求。金融机构开展金融普惠工作必须以商业可持续为前提，然而，传统的

---

① 关于金融科技与金融普惠，目前一种提法是数字技术与金融普惠，即将大数据、云计算以及移动互联网等数字技术应用到普惠金融领域。本章我们主要通过移动金融来论述金融科技与金融普惠，强调可移动性对金融普惠的重要性。下同，不赘述。

银行网点模式由于交易成本居高不下，难以实现商业性和社会性的统一，因此，政府及其有关部门应该营造有利于普惠金融开展的生态环境，使金融机构在完成政策目标的同时，能够同时获得可观的利润，发展普惠金融需要借助新型的融资手段和模式。

在我国，由于金融普惠的重点是农村，因此，本章及下章，我们把金融普惠的范围设定在农村金融领域，而农村金融难题是世界性话题，在我国也由来已久。农村金融并不像其表现出来的那么简单，如缺少抵押品①、缺少良好的政策环境等②。信贷的基础是信息③，因此我们认为上述原因都只是表面现象，而非本质问题，农村金融的核心问题是信息问题。由亲戚和血缘关系形成的社会资本，可以在一定程度上起到替代作用④，农村非正规金融的发展正是这种社会资本的表现形式。此外，监督也可以在一定程度上缓解信息不对称的问题，从而减少抵押品，但监督只是转移了信息提供主体，并未从根本上解决信息不充分的问题。

二、金融科技与金融普惠：可行性

在我国农村，通过金融科技来实现金融普惠，目前主要还是依靠移动金融，因此，本章我们主要论述移动金融与金融普惠，关于移动金融的定义详见本书第一章。目前，在我国农村，移动金融主要依赖于手机。

（一）基础条件的可行性

一是我国农村手机银行的硬件条件已经具备，截至 2018 年 6 月，我国农村网民占比为 26.3%，规模为 2.11 亿，较 2017 年末增加 1.0%；截至

---

① 肖兰华、金雪军：《抵押品缺失与农村中小企业信贷融资的逆向选择》，载《财贸经济》，2010（8）。

② Yaron, J., Benjamin, M. and Grerda, P., 1997, "Rural Finance: Issues, Design, and Best Practices", Environmentally Sustainable Development Studies and Monographs, No. 14, World Bank, Washington D. C.

刘会荪、李汉铃、冯兴元，《我国农村中小企业融资问题与对策》，载《中国软科学》，2005（1）。

③ Greenwald, B. and Stiglitz, J. E. and Weiss, A., 1984, "Informational Imperfections in the Capital Market and Macroeconomic Fluctuations", American Economic Review 74 (2): 194 – 199.

④ Stiglitz, J. and A. Weiss, 1981, "Credit Rationing in Markets with Imperfect Information", American Economic Review 71 (3): 393 – 410. Kinnan, Cynthia and Townsend, Robert M., 2010, "Kinship and Financial Network, Formal Financial Access and Risk Reduction", working paper, http://www.econ.brown.edu. Dolfin, Sarah and Genicot, Garance, 2010: "What Do Networks Do? The Role of Networks on Migration and 'Coyote' Use, Review of Development Economics, Vol. 14, No. 2.

2018 年 10 月，移动电话用户普及率达 111.8 部/百人①。此外，我国无线移动通信网络加速发展，已覆盖了全国所有县城以及多数乡镇。

二是手机银行由于不需要设立网点，不需要另外的设备与人员，与其他渠道相比，其交易成本较低。据统计，国外柜台每笔业务交易成本为 1.07 美元，而手机银行每笔业务交易成本则为 0.16 美元；国内柜台每笔业务交易成本约为 4 元，手机银行每笔业务交易成本则只有 0.6 元。手机银行在方便用户的同时，减少了银行的成本，即使交易量很小，金融机构也可能盈利，即可口可乐化模式②。

三是我国农村金融服务存在不足，已有的农村金融机构网点不能覆盖广阔的农村地区。从国外的实践经验来看，手机银行也主要是在欠发达国家得到了较好发展，而在发达国家发展得不够理想，这是因为发达国家已有金融体系相当发达，人们已经习惯于网上银行和传统分支机构，手机银行目前只是现有金融体系的补充。而在不发达国家成功的原因在于强烈的金融需求和政策上的包容（如允许移动运营商发展手机银行）。

此外，在我国农村推广手机银行，还受到农村收入水平、教育水平和消费习惯等方面的影响，这些条件在我国农村已基本满足。一是农村收入水平。改革开放以来，我国农村居民收入水平有了大幅提高，从 1978 年的人均纯收入 133.6 元上升到 2017 年的 13432 元③，农民收入水平的上升，为手机银行的推行奠定了坚实的经济基础。二是农村教育水平。一般来说，文化水平达到中学程度就足以熟练使用手机银行了，我国农村初中和高中程度比例从 1985 年的 34.7% 稳步上升到 2016 年的 54.7%，目前这一比例正在逐步提高。三是农村消费习惯，现有相对固化的现金消费习惯并不可怕，手机银行推行的过程本身就是农户的消费习惯改变的过程④，微信支付等移动支付方式的发展，使得人们已经习惯使用手机进行支付了。

（二）信息处理的可行性

1. 信息搜集与共享

未来，在我国农村，很多金融交易可能会通过移动金融来完成，目前，

① 数据来源：工信部，CNNIC。
② "可口可乐化模式"，即设计一个可大规模推广的业务模式，以实现低成本和高密度的销售。
③ 数据来源：国家统计局。
④ 本部分参见刘锡良、刘海二：《手机银行、农村金融与移动运营商》，载《武汉金融》，2013（10）。

我国大部分地区的农户已经习惯使用手机银行来汇款和转账（这是因为利用手机银行来转账汇款不仅方便快捷，还免费，而农户对价格又敏感），甚至还可以通过手机银行来进行小额信贷，如中国农业银行的手机银行，可为客户提供包括自助借款、自助还款、还款试算、合约信息查询、贷款信息查询、还款明细查询的六项基本功能。如果农户的金融交易都通过移动金融来完成，我们就可以借助相应软件捕捉到相关信息[1]。

现实生活中，很多信息是通过手机等终端在社交网络上进行披露的（这是信息的生成过程，同时也是信息的搜集过程）。移动金融本身就可以植入社交网络，主动获取相关信息。此外，农户面对面不好讲的内容，可以通过短信、QQ留言、社交网络平台等进行发布和传播，这为信息搜集提供了便利条件。比如一些语音、视频和图片等资料都可以留存在手机上，也可能发布在网上，可以利用爬虫技术主动抓取这些信息（这些需要云服务来保障）。

推广移动金融，能够把现实中真实的社会关系数字化后发布到网上并加以拓展（可能需要社交网络配合），成为农户发布、传递和共享信息的平台，建立了自愿分享和共享机制。通过移动金融，农户的一些软信息可以通过网络形成具有连续性的完整信息，并能够标准化。农户通过网络平台，更能表达真实的意思，这是因为网络中有"面具"的保护，往往能表达真实的想法。

手机及其他移动工具将社会成员连接成一个网络，这样使得相关信息可以在熟人之间、熟人的熟人之间、熟人的熟人的熟人……之间相互进行传播，通过这种传播，生人社会逐渐过渡到熟人社会。成员之间会相互挖掘信息，并在社交网络上进行分享，所有的信息连起来就能形成连续完整的信息。手机的通话与短信、上网等功能在加强农户亲戚朋友之间联系的同时，还可以辅助把生人社会变成半熟人社会，实现信息的扩散。

此外，我们还应该借鉴人民银行的征信系统，建立农户信息记录系统。这样各相关主体能够把与农户相关的信息上传至该系统，方便各主体有条件查询农户的相关信息，即信息扩散。同时需要进一步打通司法、工商、税务、海关等多个部门的数据，形成信息共享平台。

---

[1] 银行卡在农村推广以前，农户的粮食直补、农机补贴、退耕还林补助金、计划生育奖励以及其他救助资金都是通过存折和现金来发放，由于资金容易被截留，也不好监控，后来改为直接打入农户的银行卡，一开始农户不习惯，但现在绝大多数农户都已经习惯使用银行卡了，因为银行卡推广的过程就是农户消费习惯改变的过程，而移动金融的推广与其相似。

最后，网络货币为农户信息扩散提供了激励机制，其前提是需要移动金融植入社交网络（像微信支付这种移动金融本身就是产生于社交网络），或者建立一个数据库。可以分为两个步骤来实现：一是给予注册用户一定数额的免费网络货币，用于查看社交网络内其他成员的信息，免费网络货币用完之后，需要通过发布有用信息来赚取网络货币，方能查看他人的信息，当然也鼓励农户免费发布信息；二是拥有网络货币或者提供信息越多的人，其获取信息的权限也就越大。

2. 信息处理的基本机制

移动金融操作傻瓜化，对文化知识要求也较低，普通老百姓（尤其是农户）均可以参与进来①。如产品定价、信息处理等都可以通过计算机软件自动完成，用户只需要懂得简单的操作即可，这是移动金融的优势。另外，云计算保障了信息高速处理的能力，弥补了手机计算能力的限制，同时搜索引擎使得农户从海量信息中能够快速找到自己想要的信息。

移动金融通过引入代理商制度②，不仅可以解决农村基本金融服务空白的问题，还可以进行信息处理。代理商的加入，一方面密切了农户与银行之间的关系；另一方面由于农户与代理商紧紧"挨"在一起，知根知底，一些农户只可言传的信息，代理商是知晓的，代理商可以通过手机将这种软信息转化为硬信息，完成信息的处理。

信息处理的一个关键点是要防止虚假信息的发布。一是在政府层面，如果农户发布虚假信息，对其进行严厉惩罚。二是在市场层面，如果农户发布的信息是虚假的，将会永久地被逐出原有的社交网络，同时在网络上建立一个类似人民银行征信系统的系统，被逐出成员的信用情况将被记录在该系统内，增加其发布虚假信息的成本。并辅之以微信、微博、QQ 空间和 QQ 群等进行传播，一旦某人发布虚假信息，其恶行将在上述渠道广泛传播，坏事将会传千里，发布虚假信息的成员以后无法在网络上立足。

此外，农户在社交网络上的讨论可以作为融资的依据，这虽然在某种程度上可以增加发布虚假消息的收益，但同时也增加发布虚假消息的成本，如果惩罚机制是合理的。

---

① 目前网上教育正在兴起，如果手机银行与网上教育进一步整合，信息的获取和传播将更方便快捷。

② 手机银行解决农村金融的关键是现金存取，要实现现金业务，一般来说需引入代理商，而移动运营商在这方面具有无可比拟的优势。

三、金融科技与金融普惠：现实性

（一）基本金融服务问题

目前，移动金融主要从如下两个方面提升农村地区基本金融服务的可获得性：一是通过手机银行提供存取款、转账等基本金融服务；二是通过移动支付（终端主要是手机）提供支付、金融产品购买等金融服务，如微信支付、支付宝支付等。

截至 2017 年，我国农村地区手机普及率为 92.98%，而计算机的拥有量则较低，为 44.37%。由于手机终端的普及以及手机终端可移动性的特点，能够大幅降低农村地区金融交易成本，因此，我们应该在农村地区大力发展手机银行来解决金融普惠问题，典型例子如肯尼亚的 M-PESA、赞比亚的 Celpay 等。

通过手机银行来为农户提供基本金融服务的难点在于现金的存取，国外（主要是非洲地区）典型的做法是发展手机银行 + 代理商的无银行网点模式。具体运作原理如下：手机银行需要拥有银行账户或者移动运营商提供的虚拟账户。如果客户想在代理商处存款，只要刷一下手机，银行就会自动从代理商的账户中扣除等量金额，作为客户的存款资金。客户存入的现金则由代理商保留，以抵销其在银行/移动运营商账户中的扣款。如果客户希望提取现金，则流程相反。

目前，中国邮政储蓄银行和部分农合机构（包括农商行、农信社、农合行）在农村地区试点助农取款服务，如邮储银行通过银行卡收单机构在农村乡（镇）、村的指定合作商户服务店铺设银行卡受理终端（主要是 POS 机），向农户提供小额取款以及余额查询等服务。而部分农合机构则主要通过村委会铺设 POS 机（部分农合机构又将其称为"村级财务室"）来满足农户的取款要求。但运行效果不是很理想，农户、商户、村委会、金融机构积极性都不高，农户抱怨手续费太高、金额太小；商户和村委会抱怨获利太低、风险较高（因为他们需要频繁往返银行提取"大额"现金）；金融机构则认为此举主要是为了迎合政策的需要（银监会和地方金融办等监管部门要求部分金融机构必须参与助农取款点的建设）。造成这一结果的原因在于：一是商户只能代理取款，不能代理存款，不能实现"轧差"，导致商户需要频繁往返金融机构提取现金（发展存款代理业务在我国存在一定的法律障碍），交易成本过高。二是未能充分利用农村地区手机终端的优势（大部分地区主要依赖 POS 机实现取款），也未能形成规模效应。

现阶段，为了解决农村存取款的困难，一方面需要大力发展手机银行＋代理商的无银行网点模式；另一方面除了充分利用已有自助终端的优势，如 ATM 和 POS 机外，还需要对农合机构现有物理网点进行改造，把其改造成农户线下的体验店，线下体验店只需要一台电脑、一部手机、一个工作人员，必要时配备 ATM，线下体验店的主要功能是教会农户如何使用手机银行和网络银行，提升农户的体验。

此外，金融机构之间也可以通过互联网进行合作开展金融普惠（主要是支付、金融产品购买等方面），目前主要表现为：商业银行、基金公司、第三方支付机构等之间相互合作。比如，拉卡拉针对农户推出了"惠农通"业务，为合作银行推出非现金业务自助金融服务终端，铺建农村地区银行自助服务网络，协助银行建设收单、取款系统，为农村居民提供实惠的电商服务，惠农通表现为第三方支付机构与商业银行的合作。再如，农户也可以通过支付宝购买"余额宝"，实则是第三方支付机构与基金公司的合作。此外，由于微信支付方便、快捷、安全、费用低等特点，农户也可以通过微信支付来满足其支付方面的需求，如话费充值等。总之，农户可以通过移动终端购买到与其风险承受能力相当的金融产品，分享到金融创新的红利。

（二）融资可获得性问题

P2P 贷款、互联网众筹融资、基于互联网农商平台的网络贷款，加之移动运营商的作用，在一定程度上可以解决农村信息难题，提高农户融资的可获得性。

P2P 与众筹在互联网金融各形态中最具创新性，也最具有金融普惠精神。P2P 网络贷款的发展背景是正规金融一直未能有效解决中小企业融资难的问题。而以互联网为代表的信息技术，大幅降低了信息不对称和交易成本，弥补了正规金融机构的不足。而众筹融资则开创了互联网上的股权融资，其比创投和天使投资更具创新性（不受物理距离的限制）。

因此，应在农村地区大力发展专注"三农"方面的互联网众筹与 P2P 贷款平台，以此来解决农合融资难的问题。此外，还应该大力发展互联网农商平台，金融机构＋互联网农商平台可以实现资金和信息互动的优势，同时也可以更好地促进农村金融与农村经济的结合。其模式有三：一是金融机构与已有互联网农商平台合作；二是部分农村金融机构的网上积分商城转变为互联网农商平台（比如省级农信联社的网上商城）；三是农村合作经济组织（主要是各种合作社）作为互联网农商平台的发起人，而金融机构作为第三方切入进来，类似互联网供应链金融。

要解决农村地区金融普惠的融资可获得性问题，移动运营商的作用举足轻重。谢平、刘海二[1]指出，随着手机逐步走向实名制，手机号码已具备身份识别功能。用户可以在手机中储值，储值后的手机号码相当于存款账户（类似于一个虚拟账户），而且可移动，任何时间、地点都能接通。通过手机通信录和通话、短信记录，移动运营商实际上掌握了用户的核心人际关系网络。随着移动互联网的发展以及智能手机的普及，大量消费行为在手机上发生，这些相关信息有助于评估借款人的信用，进而可以开展信贷业务。并且可以通过人际关系网络实施"社会惩罚"（比如暂停通信服务，这种惩罚还可以在不同移动运营商之间共同实施），移动运营商能有效控制借款人违约及道德风险行为，同时也能够控制其代理人（机构）的经营行为（即通过对单个人的监督实现对机构的监督）。

最后需要说明的是，解决农村地区融资可获得性的核心问题是信息问题，通过技术手段来解决这一问题的关键在于大数据的运用。商业银行自身拥有的数据已经很庞大，但主要集中在结构化数据，比如客户的账户、资金收付、资产负债等，这些数据只能评估客户的还款能力，不能评估客户的还款意愿。农村金融机构应该充分挖掘农村地区客户的非结构化信息（农信社、农商行的客户经理以及代理机构可以把上述信息录入信息系统），比如一些只可意会不可言传的信息，哪些人喜欢赖账，哪些人喜欢"偷鸡摸狗"等。这些信息需要借助于现代信息技术进行挖掘，如对通话记录、社交网络聊天信息、客户经理走访录音、客服音频、网点视频、网上银行记录、电商平台交易痕迹等非结构化数据进行分析。

（三）农村金融基础设施

农户获得基本金融服务、融资服务的过程，同时也是农户学习金融知识、提高诚信等的过程（即"干中学"）。具体来说，移动金融可以从如下几个方面，助推农村金融基础设施的完善。

---

[1] 谢平、刘海二：《手机银行助推金融普惠的非洲样本》，载《博鳌观察》，2014。http://www.boaoreview.org/html/xieping/2014/0218/2014.html。

一是移动金融的发展有助于建立普惠金融产品信息网络共享平台。各机构之间互通有无，共同促进普惠金融的发展，比如某一机构试验成功的普惠金融产品可以在其他机构进行宣传与推广，移动互联网的发展为普惠金融产品信息网络共享平台奠定了基础，只需要通过互联网将上述功能集成即可（即基础平台的建设）。普惠金融产品信息共享平台由于具有一定的公共产品属性，一方面，可以由政府或者政府控股的企业来搭建这样一个平台；另一方面，由于目前承担普惠金融重担的主要是农村合作金融机构，政府也可以委托省级农信联社这样的机构具体承担这项工作（政府可以给予适当的资金支持），这样可以充分发挥省级农信联社的平台优势，同时也减轻了政府的负担。此外，普惠金融产品信息共享平台的建设，关键要解决信息来源的问题，信息来源不能是政府强加，需要通过各种市场化手段来激励。

二是移动金融的发展有助于农户征信网络系统的建立。信息不充分是农户、小微企业等弱势群体融资难、融资贵的关键所在，金融机构由于无法获取这类客户的信用信息，抑或是获取的成本太高，导致其惜贷。移动金融的发展降低了交易成本，可以由政府或者是一些大型互联网公司来主导，集成农户零散的信息。具体包括四方面，第一，与社交网络平台、电商平台等主体对接，获取客户的行为信息，行为信息能够分析客户的还款意愿，而传统金融机构的征信只能识别客户的还款能力。第二，集成客户在政府各部门的留存信息，如工商、税务、法院、检察院、公安、政法委、计生委等部门的信息。第三，集成客户在水、电、燃气、电信运营商、医院等方面的记录信息。第四，充分发挥各机构在农村地区的代理商优势（如中国移动、中国电信、中国联通等，再如各种村医院等），激励其将农户的信息录入上述系统。

三是移动金融的发展有助于提高农户金融教育水平。第一，可利用手机及手机银行、网络银行等渠道推送相关金融知识。第二，可充分发挥社交网络的作用，因为农户可能在这个网络上相互交流信息，揭示各方不知晓的信息，目前，大多数年青一代农民都会使用 QQ、微信、微博等。监管部门可以在社交网络上发布有关金融教育的基本知识，让农户了解相关知识。当然，在条件成熟时，可以构建一个金融教育网上学习系统。但这里存在一个问题，就是农户的参与约束，也就是说农户为什么要参与到这样的社交网络中来，现实的利益诱惑就是信息收益，比如银行贷款可以参照农户社交网络的信息，再如相关主体可以发放各种物质奖励。

第十一章　金融科技与金融普惠：
路径与着力点①

一、金融普惠的现状

综观近年来的农村金融改革，其典型特征是政府主导的外生演进模式，农信社的股份制改革、新型农村金融机构的诞生……无不深深烙下政府的痕迹。从制度变迁的角度讲，这是一种政府主导的强制性制度变迁，是被动变迁而非主动变迁，是政治需求而非市场需求。这种政府主导的外生演进模式，难以充分考虑农村金融的需求和农村金融赖以生存的经济基础，从一开始就埋下了"隐患"，金融机构，比如，农信社、农商行、农发行、农行、邮储银行等传统金融机构，以及村镇银行、农村资金互助社和小额贷款公司等新型农村金融机构，都未能有效支持农村经济发展②。

我国现有的农村金融体系未能有效支持农村经济发展，究其本质原因是：我国农村经济具有明显的小农经济特征，金融需求表现为交易额小且交易频率低，如果通过金融机构在农村设立物理网点来支持农村经济，金融机构大多不能实现自身的可持续性发展，更谈不上支农了。因此，金融机构要服务于"三农"，必须借助现代信息技术，如手机银行等③。

---

① 本部分主要以移动金融的典型代表手机银行为例，说明移动金融实现金融普惠的路径与着力点。

② 具体可参见谢平、刘海二：《手机银行助推农村金融普惠的实现路径》，载《西南金融》，2016（7）。

③ 本文所讨论的手机银行是一个比较宽泛的概念，不仅仅局限于我国现有的手机银行（银行主导），还包括移动运营商、第三方支付公司等非银行主导的手机银行。

二、移动金融的优势

手机银行等移动金融由于不需要新设物理网点，不需要额外的设备与人员，与其他服务渠道相比具有交易成本低的优势，因此，可以通过手机银行来解决农村金融普惠问题①。我们通过手机银行来说明移动金融的优势。

手机银行能够迎合农村资金的供需双方。在我国信任机制缺失的情况下，对资金供给者来说，出于对资金安全的考虑，只愿意在网上提供小额贷款（小额信贷可以通过"大数定律"来分散风险）。与之相对应的农村资金需求也表现为小额信贷，这是由我国农村小农经济特征所决定的②。手机银行推广小额信贷要实现盈利，必须降低交易成本，比如在一定额度之下，客户可以自由支配手机银行的资金（事先取得授信），不需要每次申请，更不需要担保。由于额度比较小，所以客户更多的是低收入阶层（主要是农村地区），而比较富裕的阶层被自动排除。

手机银行可以与移动运营商、邮政等结合，利用其网点优势（如大量的代理商），推出手机银行 + 代理商的无网点银行模式③，能够契合我国农村的实际。这种模式在我国农村具有存在的土壤，表现在：一是这种模式交易成本低，可以解决农村地区银行网点不足的问题；二是移动运营商等市场主体有动力来推广这种模式，因为手机银行在农村地区推广的盈利模式与电话通信有诸多相似之处，如二者都体现为每单位盈利少，需要靠规模来赚取利润。

手机银行由于具有如上种种优势，使得其可以促进农村金融功能的发挥。关于金融功能观，Merton（1995）④ 等人正式提出金融功能观的概念，并把金融功能概括为六大方面：资源配置、风险管理、支付清算、归集资

---

① Shrader Leesa and Duflos Eric, 2014, "China: A New Paradigm in Branchless Banking?" Working Paper, Consultative Group to Assist the Poor（CGAP）.

② 目前我国农村人多地少，考虑到家庭联产承包制和农村就业问题，小农经济在我国农村可能还将长期存在。

③ 具体请见本书第三章。

④ Merton Robert C., 1995 "A Functional Perspective of Financial Intermediation", Financial Management, Vol. 24（2）, pp. 23 – 41.

源、提供信息、解决激励问题。Levine（1997）[①] 从交易成本的角度对金融功能进行了重新诠释，认为金融功能的核心是通过降低交易成本来减少市场摩擦，包括风险管理、信息获取与资源配置、监控管理与加强企业控制、动员储蓄、促进交易等功能。而我们认为金融功能无外乎三个方面：一是资金的动员集聚，即资金形成；二是资金的最优匹配；三是风险管理，贯穿于其中的是信息处理与交易成本的问题。这三个方面也就是手机银行实现金融普惠的基本路径。

手机银行可以促进农村金融功能的发挥，进而实现金融普惠，其实质是利用手机、移动通信技术、云计算等信息通信技术来降低交易成本，实现农村资金供求者之间信息的有效传递，包括信息的生成、传递、处理和分析等环节，如手机银行动员农村资金的聚集，实质是通过手机银行进行信息的推送，使人们广泛使用手机银行（方便快捷），即通过信息的流动来引导资金的流动，以此来沉淀资金；手机银行促进农村资金的最优匹配，实质是通过对信息的搜集和处理，识别资金供需双方的真实需求，进而实现最优匹配。手机银行对农村金融的风险管理，一方面是通过对信息的搜集和分析来排除潜在违约农户，另一方面是通过信息的扩散来防止农户违约。手机银行信息处理的过程，也是资金供求双方主观概率改变的过程。

三、移动金融与金融普惠：基本路径

（一）资金形成

资金形成与聚集指通过设计某种金融产品，抑或是技术本身的力量（便利性、交易成本低等），使原来没有形成储蓄的资金（如存放在床底或箱底的资金）转化为储蓄。在现有的金融制度下，金融产品设计主要通过金融中介来完成（这也是金融中介存在的一个重要原因），而手机银行则是金融产品销售的一个重要渠道，在农村地区，金融产品主要是存款以及少量的理财产品。此外，手机银行 + 代理商这种无银行网点模式具有一定的"闭环"效应，可以减少现金漏损，直接促进了农村资金的形成。

---

① Levine Ross, 1997, "Financial Development and Economic Growth: Views and Agenda", Journal of Economic Literature, Vol. 35 (2), pp. 688 – 726.

手机银行能够促使农村民间资金集聚。在手机银行诞生之前，农民工想寄钱给留守在农村的家人，大多通过工友或者亲戚朋友回家时带给家人，这种"汇兑"方法不仅资金安全得不到保障，而且资金也未能形成储蓄。近年来，农民工资金汇兑逐渐转向银行汇款，但这种模式需要农村有银行网点配合，否则其功能将大打折扣。手机银行诞生以后，农民工外出务工所赚取的资金可以通过手机银行汇回老家，进而形成储蓄，家人也可以通过手机银行对资金进行管理，并可直接进行支付①，这在一定程度上还具有派生存款效应。如山东省临淄农商行针对农民工推出手机短信银行，农户能够随时随地办理行内转账、跨行汇款等非现金银行业务。此外，邮政储蓄银行也推出了手机银行的按址汇款功能。农户可以按汇款人提供的收款人名址等信息，以投递取款通知单的方式来完成支付。这项服务的意义在于，有些偏远地区的农户没有银行卡，但按址汇款是适用的。

手机银行还能够促进农村政府资金集聚。与农村相关的各种资金的支付与偿还，如政府支农补贴（粮食补贴、农机具购买补贴、计划生育补贴等）的发放等，都可以通过手机银行来完成，这不仅可以直接增加储蓄，动员资金，还可以防止资金被截留而导致的资金流出农村，间接增加了农村资金。这里的手机银行相当于一个蓄水池，上述功能如果能与手机银行的支付功能相配合，将大幅降低农村资金的漏损，从而能够动员资金。

手机银行不仅可以促进农村地区"汇兑"资金的形成与聚集，还可能促进其他方面资金的聚集，原因如下。

第一，手机银行能够降低交易成本，进而能够在一定程度上提高存款利率。一是信息通信技术的发展，减少了中间环节，比如可以通过内嵌于手机中的各种 App 来自动完成，减少了物理网点成本，使投资者获得的存款利率逼近贷款利率，资金动员能力大大增强。二是手机银行能够聚沙成塔，从而进行大额投资，因此能够获得相对较高的利率，进而引导资金聚集。

第二，随着信息科技的发展，在手机银行内部就能形成一个闭环，人们可以在这个闭环内自主设计金融产品，每一个个体都是金融产品的提供者，资金能够自动在手机银行内部积淀，届时资金动员能力将得到极大的提高。在这个闭环中，移动支付最为重要，因此应该大力促进手机银行支

---

① 留守农村的大多是妇女、小孩和老人，表面上他们无法使用手机银行，但小孩（主要为小学高年级和初中的学生）已经能够熟练操作手机，其手机操作能力比城里大多白领还强，这是因为农村小孩可娱乐的东西很少，没事就玩手机。

付功能的发展，通过移动端（主要是手机）形成自己的支付系统，如果所有的支付清算都在这个系统里完成，现金漏损极低，资金形成能力大大增强。

（二）资金匹配

手机银行优化农村资金匹配的核心是对农户信息的搜集与处理，其中，移动运营商和邮政集团（含物流和邮储银行）具有明显的优势。

随着手机逐步走向实名制，手机号码有身份识别功能，移动运营商具有无可比拟的优势。用户可以在手机中储值，储值后的手机号码相当于存款账户[①]，而且可移动，任何时间、地点都能接通。通过手机通信录和通话、短信记录，移动运营商实际上掌握了用户的核心人际关系网络，比如手机联系人多少、每天通话的次数等信息，可以衡量用户的活跃程度、人际交往的宽度。通话对象是本地和外地的频率，可以衡量用户的活动范围。具体来说，假如某一位农村用户连续 8 年用中国移动的号码，月消费在 200元以上，其中可以得到几个关键信息：一是该农村用户生活较稳定、有固定的社交圈，不愿意换号。二是该农村用户可能信用较好，一般情况下诸如骗子、"老赖"这一类的人喜欢频繁换号。三是该农村用户可能收入还不错，或者是做生意的，并且可能生意做得还不错，因为一般农户不大可能月消费 200 元以上。总之，随着移动互联网的发展以及智能手机的普及，大量消费行为在手机上发生，这些相关信息有助于评估借款人的信用，进而实现资金的最优匹配[②]。

我们还应该发挥邮政在农村的优势，由其或者邮储银行作为发起人来开展手机银行的业务。邮政在农村不仅具有网点方面的优势，还具有信息处理方面的优势，具体如下：一是农户邮寄和接收物品一般都通过邮政进行，邮政凭此可以捕捉到农户相关信息，如农户的偏好，假设某位农户频繁通过邮政邮寄购买农用书籍，说明该位农户可能对科学生产感兴趣，从而与一般农户相区别；二是获取农户的身份信息，如农户的姓名、手机号

---

① 虽然在手机中储值没有利息，但可以享受到话费优惠和货币市场基金投资的收益，并且可以得到支付便利的好处。

② 这对市场主体大数据的处理能力提出了要求，可以由手机银行提供主体来自动进行信息处理，比如由其开发的 App 自动抓取农户在手机银行上留下的信息和手机银行提供主体的后台信息，并对信息进行处理，据此对农户进行分类，这对手机计算能力有很高的要求，云计算的诞生弥补了手机和移动运营商等主体的计算能力的不足。通过计算机和手机自动对农户相关信息进行处理，不仅效率高，还更客观，避免了人工线下调查的主观性。

和住址等，此外还能获得农户身份特征方面的信息，如某位农户频繁通过邮政邮寄农产品，这位农户可能做与农产品相关的生意。

关于手机银行资金配置方式，一方面农户可以通过在机构（如金融机构、移动运营商等）那里事先取得授信，完成机构与农户之间的资源配置。另一方面农户之间的信贷也可以通过手机银行完成，这不仅降低了交易成本，还不受地理位置的限制。如果手机银行能够依托于社交网络平台（直接植入社交网络工具，或者社交网络平台合作，比如微信），那么资金供求者就可以依据社交网络平台的软信息直接进行匹配，可以是城市居民与农村居民之间，也可以是农村居民之间，这里没有机构的存在。总之，通过手机银行完成的资金配置，带来了两个方面的好处，一是提高了资金转移和匹配的效率；二是增加了农户的信用记录，降低了交易成本。

（三）风险管理

手机及手机银行可以连接熟人社会和生人社会，使农村社会进入半熟人社会，半熟人社会更有利于农村资金的优化和风险管理，农村熟人社会虽然知根知底，但有时碍于情面，如果某人欠债不还，也不好催促，借钱时对利息也不好讨价还价，因此，亲戚朋友下次借钱时就会以各种理由搪塞。而手机银行具有一定的虚拟性，有"面具"的遮挡，有时更能表达真实的想法，有些当面不好讲的东西（如催人还钱），可以发一个短信告知或者通过手机银行进行信息推送，或者由相关平台进行推送。总之，通过手机银行完成的资金匹配，可以起到对称信息的作用，同时又不会受制于"人情"和"面子"的束缚，借贷资金到期时出借人可以毫无顾忌地要求对方还款。

移动运营商主导的手机银行，可以利用其掌握的人际关系进行风险管理，如手机通信录和通话、短信记录等，再如手机一旦通话还能够显示农户的行动路径，揭示其地理位置信息，有助于打击逃废债行为。此外，移动运营商可以通过人际关系网络实施"社会性惩罚"（比如暂停通信服务，这种惩罚还可以在不同移动运营商之间共同实施），移动运营商能有效控制借款人违约及道德风险。而邮政或者邮储银行主导的手机银行同样可以实施社会性惩罚，如暂停农户通过邮政系统邮寄物品，在我国农村特别是偏远农村地区，物流只有邮政一家，没有替代选择，因此对农户实施这样的惩罚来防止其违约具有一定威慑力。

手机银行＋代理商这种交易模式，由于可以实现交易的完全电子化，所有交易活动留痕，所以可以做到事后追责，同时也可以威慑不诚信的主体。手机银行与社交网络结合，人们可以相互点评，通过社会行为来实现风险管理。此外，手机银行可以通过双重身份认证（密码＋短信验证）来增加资金的安全性，防止诈骗。

手机银行还可以将风险在不同主体之间进行分担，转移给银行、亲戚朋友、移动运营商等主体，分散了风险。

在分析完手机银行实现金融普惠的路径之后，下面我们重点分析手机银行实现金融普惠的着力点。

四、移动金融与金融普惠：着力点

（一）金融账户

金融账户是金融普惠的重要内容，属于基本金融服务的范畴，手机银行实现金融普惠首先要解决账户实名制问题。手机号码的强制实名制已为其扫除了技术障碍。

账户的核心问题是如何进行身份识别、如何防止欺诈，关于这个问题我们需要从两个层面来分析。一是对于小额资金的存取，客户关心的是方便快捷，因此，这类业务凭短信等方式就可以办理，甚至可以没有账户（直接凭转账短信在代理商处取款，比如肯尼亚的 M-PESA）。二是对综合性金融服务和大额现金的存取，必须对账户进行身份识别，移动运营商可选的方法有：密码，比如服务密码、短信随机码；利用生物识别技术，比如刷脸、瞳孔、指纹、语音识别等技术；行为特征分析，利用大数据技术分析客户的使用习惯来识别是否是客户本人。上述身份识别技术需要交叉验证，方能有效防止欺诈。需要说明的是，烦琐的身份识别与方便快捷有时存在一定的矛盾，需要合理权衡（随着技术的进步，身份识别技术本身可以变得简单）。

（二）现金存取

现金存取业务同样属于基本金融服务的范畴，现金存取业务是移动支付、征信服务、信贷业务等开展的基础。移动运营商在农村地区开展现金存取等业务，可以实现多赢，对客户来说，可以方便其实现汇兑；对移动运营商来说，一方面，可以赚取手续费（考虑到金融普惠的需要，可以免费，甚至还可以给予客户一定的收益）；另一方面，移动运营商可以通过拓展资金运用渠道来获取丰厚的收益。此外，在农村地区发展现金存取业务，是对中央金融普惠工作的支持，可以获取相应的"政治分"，能够实现商业性和社会性的统一。

移动运营商的话费充值已经具备了现金存入的功能，这在农村地区具有广阔的市场，农村地区主要使用现金交易，可以通过现金购买充值卡来实现存款①。但要真正实现存款，还需要在如下三个方面下功夫：一是拓宽现金存入的渠道；二是提高预存话费的收益率（使其真正具有存款的属性）；三是丰富移动支付的方式、功能等（人们保留活期存款多是为了支付的方便）。提高预存话费收益率的方法如下：一是送话费、送流量、送积分、购机优惠等传统做法；二是对接金融产品，比如中国移动的和聚宝（对接的是汇添富和聚宝货币基金），但目前金融产品比较单一，需要丰富。目前移动运营商可选的资金运用方式主要有：一是直接存入金融机构，赚取利息；二是对接货币市场基金；三是购买理财产品；四是可以用于短期信用贷款。

关于现金取款，移动运营商自身可以通过其柜台或者代理网点来办理话费取现（在初期，考虑到流动性风险，取款可以根据资金性质"区别"对待）。现金取款，除了利用移动运营商的营业厅外，还应该积极拓展代理商，一方面，移动运营商已有的代理商（由于这类代理商参差不齐，代理的现金取款只能是小额取款）；另一方面，移动运营商还应该积极与银行合作，通过银行的网点、ATM 来实现现金取款（银行网点取款成本可能较高，一开始可以开展与合作银行的 ATM 取款，但需要实现手机银行虚拟账户与银行账户之间的"无缝对接"）。比如肯尼亚的 M-PESA，2012 年，M-PESA 与 Equity Bank 和 Diamond Trust Bank 合作，M-PESA 用户可以在合作银行的 ATM 上取款。

此外，移动运营商可以充分发挥其在农村地区的网点优势，代理金融机构的现金取款服务，赚取手续费。2012 年《中国人民银行关于推广银行卡助农取款服务的公告》指出，银行卡收单机构在农村乡（镇）、村的指定合作商户服务点布放银行卡受理终端，向借记卡持卡人提供小额取款和余额查询的业务，这实际上为发展银行代理业务扫除了政策上的障碍。现实中，金融机构多是在村委会财务室布放 POS 机来满足农户的取款要求（比

---

① 要警惕非法吸收公众存款的法律风险。

如，客户在村级财务室 POS 机上刷卡"消费"200 元，就可以从村级财务室获取 200 元现金，这里消费的商品是现金）。邮储行、农信社、农商行等金融机构的助农取款服务就是此类业务。

（三）移动支付

目前，我国的移动运营商都已经获得第三方支付牌照，已经具备了法律上的可行性。移动运营商开展移动支付不仅可以获取较为丰厚的手续费，还能够推出类"余额宝"产品，赚取渠道费。

移动支付的核心问题需要解决支付所需资金。一方面可以来源于预存的手机话费（类存款）；另一方面可以来源于绑定的银行账户，但二者之间需要实现"无缝对接"。移动支付的关键问题是方便快捷。目前，移动运营商需要做大小额支付，比如，500 元以下的小额支付可以不需要密码。随着身份认证等技术的发展和人们对大额支付的需要，移动运营商还需要做强大额支付（移动运营商在大额支付中，可以成为银联与商家、客户之间的桥梁，比如购房、购车、购买家电等与人们日常生活相关的领域，从中赚取手续费）。然而，大额支付可能导致洗钱等行为，这可以通过客户身份识别、信息的交叉认证来防范，而大额支付的安全问题除了上述措施外，还需要物理硬件方面的投入（比如，在手机内置用于支付的安全模块等）。

未来，移动支付将呈现出如下几个特点（具有金融普惠性质的移动支付也同样具有如下特点）：一是支付介质与支付内容密切相关，要实现支付内容的丰富，就必须实现支付介质的多样化，如二维码（可以收款）、条形码（可以购物）、语音支付（盲人需求大）、短信支付（农村地区）、指纹、人脸、掌纹、光子、NFC、蓝牙、WiFi 或者移动互联网（比如基于 LBS 技术的移动支付可以实现收款）等。此外，在农村地区，移动支付应该简单、简单、再简单（该规律在城市也适用）。二是支付终端离散化，如手机、iPad、POS 机等。三是支付场景生活化，移动支付渗透到生活的各个方面，如购物、出租车、公交、水电气费、医院、学校、餐饮、汇款等与人们日常生活紧密相关的领域[①]。

然而，在短期内移动支付仍将以移动互联网支付为主，目前，近场移动支付的占比还很低，未取得实质性突破，仍存在很大的发展空间。随着支付介质的多样化以及个人账户的逐步集成，这一现状将逐步得到扭转。

---

① 详见本书第四、第五章。

（四）信贷服务

贷款服务与征信紧密相连。发展贷款服务，需要征信配合。在未来，贷款业务可能成为移动运营商一个新的利润增长点。贷款服务需要在现金存取、移动支付等业务的基础上逐步推出。比如肯尼亚的 M-PESA，在支付、现金存取款等业务的基础上，与银行合作，推出 M-Shwari、M-KESHO 等贷款产品（该贷款平台能够实现存贷款的统一）。

目前移动运营商的手机话费透支，实则就是一种贷款服务。移动运营商的贷款服务可以分为三步：一是话费透支；二是消费透支；三是小额贷款（可以是生产性的，但只给自然人，利率可以高一点，金额一般不超过 5 万元）。为了控制风险，一开始可以根据客户的信用情况，给予相应的话费透支。接下来，根据客户累积的信用情况，推出在移动运营商生态系统内部的消费透支，比如客户透支购买移动运营商网上商城的手机。发展到一定阶段，实现客户在移动运营商生态外实现的消费透支。最后才是小额贷款。贷款实现的方式可以多样化，比如客户话费透支可以提现（实则就是小额贷款，可能是生产性的）。

为了降低交易成本，比如在一定额度之下，客户可以自由支配手机银行的资金（事先取得授信即可。而话费透支甚至不需要事先取得授信，比如移动运营商针对话费平均月消费较高、号码使用期限长的客户可以直接透支，不需要客户申请，方便快捷，客户体验好），不需要每次申请，更不需要担保。

监管与监管科技篇

第十二章　互联网金融监管的政治经济学分析[①]

近年来互联网金融风生水起，面对各种互联网金融形态争相上演，政府采取了较为积极的态度，但在 2014 年"两会"则加强了对互联网金融发展的监管，2016 年更是被称为互联网金融的规范年。对此，政府有金融稳定、外部性等方面的考量。本文则从政治经济学的视角来分析这一问题：如果放任互联网巨头开展互联网金融，可能会导致互联网超额利润和金融超额利润的叠加，如不对其进行监管的话，可能会引起新的社会不公（当然，打着互联网金融旗号的不合格主体参与价值分配，会引起社会不公，也需要禁止）。因此，政府需要通过对互联网金融加强监管，鼓励有序竞争，以此来促进互联网金融的健康发展。

一、引言

针对互联网金融的兴起，我国政府采取了较为支持的态度。如 2013 年 4 月，国务院部署了金融领域的 19 个重点研究课题，"互联网金融发展与监管"是其中之一，足见高层对互联网金融的重视。中国人民银行 2013 年第二季度货币政策执行报告给予互联网金融正面评价，认为互联网金融具有透明度高、参与广泛、中间成本低、支付便捷、信用数据更为丰富和信息处理效率更高等优势。2014 年 3 月，国务院总理李克强在政府工作报告中指出："促进互联网金融健康发展，完善金融监管协调机制……让金融成为一池活水，更好地浇灌小微企业、'三农'等实体经济之树。"这是第一次在国家层面给互联网金融以肯定。2015 年 3 月国务院总理李克强在政府工作报告中则指出："互联网金融异军突起，促进互联网金融发展。"总的来

①　本文主要内容载于《南方金融》，2014（12）。其核心观点来源于西南财经大学刘诗白教授与李建勇教授就互联网金融进行的讨论，我们对此表示感谢。

说，这一阶段的监管主要目的是促进互联网金融健康发展。

这一阶段，互联网金融仍处于野蛮生长阶段，乱象丛生，市场上一些所谓的互联网金融机构，根本不是真正意义上的互联网金融，搞资金池、搞债权分拆、搞虚假交易，甚至搞集资诈骗（这与我国征信体系的不完善、金融消费者教育跟不上等有关），很多互联网金融机构，只是打着互联网金融的旗号，招摇撞骗。这使得国家对互联网金融的态度从促进发展转为规范发展，从放任自由到从严监管。

2015 年 7 月，中国人民银行等十部委发布了经党中央、国务院批准的《关于促进互联网金融健康发展的指导意见》（以下简称"意见"）。该意见清晰地界定了互联网金融及其模式，指出在鼓励互联网金融创新发展的同时，也要明确各监管部门的职责分工。此外，意见还提出要健全制度，防止互联网金融扰乱整个金融市场秩序。2016 年 1 月在中央政法工作会议上，时任中央政法委书记孟建柱介绍，近年来，互联网金融业快速发展，在降低交易成本、激活民间投资等方面发挥了一定作用。同时，一些网络借贷平台存在较大风险。有的不法分子利用网络借贷、网上理财等名义，以高息回报为诱饵，大肆进行非法集资等违法犯罪活动，涉及人数多、金额大，处理不好极易引发社会问题。孟建柱要求，各级政法部门要按照中央经济工作会议部署，配合有关部门开展互联网金融领域专项整治，推动对民间融资借贷活动的规范和监管，最大限度减少对社会稳定的影响。2016 年 3 月，李克强总理在政府工作报告中重提互联网金融，指出要规范其发展，这标志着互联网金融迎来了"规范元年"。随后由十四部委牵头的互联网金融专项整治正式启动，各省级政府也纷纷成立了互联网金融专项整治工作小组，至今，互联网金融专项整治活动仍未结束。

互联网金融的监管风暴来临，使得对互联网金融的监管从一个极端走向另外一个极端，中国金融再次陷入"一放就乱，一乱就收，一收就死"的怪圈。

现有针对互联网金融监管的研究，大多从互联网金融的外部性、市场纪律无效等角度出发，认为应该加强互联网金融的监管。我们认为，针对互联网金融的乱象，必须从严监管，除信息中介类互联网金融机构外，大多互联网金融机构存在非法集资、集资诈骗、非法经营等情况，利用现有相关法律法规就能够对其规范，只是由于相关部门不作为或者是互联网金融的监管真空，才导致互联网金融乱象的产生。同时我们要警惕另外一种现象的产生，即互联网金融的双重垄断，垄断的存在会侵蚀一部分消费者福利，比如，滴滴与快的合并并收购优步中国后，在网约车市场形成一家独大的局面，其网约车的价格就明显上升，接近甚至超过出租车的价格，在高峰时间，更是加价 2～3 倍，远远高于出租车的价格，即使是闲时也常常加价（目前已取消加价）。再如，支付宝和微信支付，一开始转账和提现是免费的，当它们培养起用户习惯，形成寡头垄断时，对客户转账和提现就开始收费了（而与此同时手机银行转账已免费）。这些垄断行为严重侵害了消费者利益，并会造成无谓损失。

有鉴于此，本文从另外一个角度来解读政府加强互联网金融监管的原因：互联网巨头开展互联网金融，可能会导致互联网超额利润和金融超额利润的叠加，在生产方式决定分配方式的分配机制下，如不对其进行适度监管的话，可能会引发新的社会不公。因此，作为社会公众利益代表的国家，需要对互联网巨头加强互联网金融监管①，同时也要禁止打着互联网金融旗号的不合格主体参与价值分配。

本文首先分析了互联网金融的价值形成，接下来研究了互联网金融的价值分配，其价值分配包括两个方面：一是价值如何进行分配，即分配多少的问题；二是能否参与分配，即市场准入问题。

二、互联网金融的价值形成

金融业存在垄断，互联网巨头也存在垄断，尤其是互联网巨头开展互联网金融，可以利用其技术优势获得超额利润，而一般的互联网企业则不具备这个条件。互联网巨头与金融的结合，可能导致双重垄断的存在，能够获得叠加的超额利润，会引发新的社会不公。

互联网巨头存在垄断。原因如下：一是互联网存在网络外部性，即某种互联网产品对某一用户的价值取决于其他用户的使用，使用人数越多，价值越高。二是对于互联网产品来说，同类产品众多，产品功能相差无几，通过互联网，用户"皮鞋成本"很低。三是互联网巨头规模大，高度集中化，最终会形成"护城河"，形成商业格局上的垄断，总之，通过激烈的市场竞争和洗牌，只有一家领头羊，其他的企业只能是跟随者，在互联网垄断市场上，一家公司占市场总量的相当份额，对市场价格有举足轻重的影响。研究表明，假设某个互联网行业存在四个厂商，在市场均衡的情况下，

---

① 注意作者这里的研究对象是互联网巨头。

四个厂商的市场份额分别为 63.39%、23.20%、8.51% 和 3.27%①。

在我国，互联网巨头主要是 BAT（百度、阿里和腾讯），其垄断现象较为严重，如在搜索引擎领域，百度搜索一家独大。在第三方支付移动支付领域，2018 年上半年从第三方支付移动支付业务交易额的情况看，支付宝、财付通位列市场前两位，市场份额分别为 53.62%、38.18%，支付宝占比超过了一半。另据支付宝公布的数据显示，2018 年上半年支付宝用户达到 6.5 亿，金额超过 4.4 亿元人民币，成为全球最大的移动支付公司。而在即时聊天工具领域，微信则是独占鳌头，2018 年上半年以 86.9% 的使用率占据首位②。

互联网巨头和金融结合后会形成更大的壁垒，其他企业无法进入，或者只能是在外围小打小闹。比如支付宝已经大而不倒了，目前各大银行与支付宝都有接口，支付宝在某种程度上具有了类似中央银行的作用。阿里巴巴利用支付宝中介地位的优势，打通了存贷款（如余额宝、阿里小贷等），还能进行信用创造（网商银行），获得大量超额利润。此外，阿里巴巴频繁地对外收购也引起了人们的普遍关注，如阿里巴巴收购了恒生电子，其是金融行业的主要软件服务提供商，阿里巴巴收购恒生电子后，会不会利用恒生电子的数据为阿里生态服务，进一步加剧阿里巴巴的垄断？此外，阿里收购了高德地图、新浪微博、UC Web 等，进一步拓展了阿里的蓝图，进而能够形成更大的进入壁垒。

互联网巨头做金融具有天然的优势。原因如下：互联网是数字，金融本身也是数字③，二者有共同的基因，所有金融产品都可以看作数据组合，所有金融活动都可以看作数据在互联网上的移动。此外，信息处理是金融的核心，构成金融资源配置的基础。互联网企业无论是在信息积累上，还是在信息处理手段上，都具有优势，互联网上的交易数据、行为数据用于金融活动就是明证。由于以上原因的存在，使得互联网巨头开展互联网金融具有得天独厚的优势。其他的一些市场主体若想开展互联网金融，要么缺少交易数据、要么客户黏性不足，要么不具有搜索引擎方面的优势，使得它们在开展互联网金融方面裹足不前。为了弥补数据的不足，这些企业可以与外部征信公司合作，或者与 BAT 合作，但这容易受制于互联网巨头。

---

① 唐家要：《反垄断的经济学理论与政策》，中国社会科学出版社，2018。

② 数据来源：艾瑞网。到达率指传播活动所传达的信息接收人群占所有传播对象的百分比。

③ 金融机构资产中固定资产占比很低，据估计，高盛有 30% 左右员工属于 IT 部门，Lending Club 的 IT 团队占到总员工的 60%。

陈龙（2014）研究认为，互联网金融竞争，有两类机构能够胜出，一类是本身具备大数据基础的公司，比如阿里和腾讯；另一类是能进行专业定价的机构，比如百度①。

三、互联网金融的价值分配②

目前世界上主要的分配方式有按劳分配和按生产要素分配，资本主义国家以按生产要素分配为主，社会主义国家以按劳分配为主。政治经济学所讲的按劳分配不能以每个劳动者的劳动时间为尺度，而只能以商品交换实现的价值量所反映的劳动量为尺度。在社会主义市场经济条件下，劳动者的个人劳动不能直接表现为社会劳动，其社会劳动的性质只能通过商品的市场交换才能得到实现和转化。按劳分配只能以通过商品交换实现的价值量为尺度。而政治经济学所讲的按生产要素的分配包括两层含义：第一，从分配过程看，是指生产要素的分配方式，即资源配置方式；第二，从分配结果看，是指生产要素所有权的分配。这两者共同决定了超额利润的分配。

在互联网金融中，企业超额利润在生产领域创造出来后，首先需要进行初次分配，如果是全民所有制企业（或者是国有企业），初次分配应该在生产部门内部进行。全民所有制企业职工创造的价值，在初次分配中分为三部分：一是工资，通过按劳分配分发给个人；二是企业利润留存，用于企业自身的发展或者员工的集体福利等；三是以税金和利润形式上缴国家财政，可见国有企业超额利润的初次分配能够在全民之间进行。互联网金融巨头大多是民营企业③，初次分配后超额利润通过如下途径向私人部门聚集：一是形成的超额利润在初次分配时通过利润分红的形式直接转移给民营垄断资本家。二是在按劳分配的机制中，民营垄断资本家也总是尽量地压榨工人的剩余价值，表现在多数民营企业经常加班加点（这种情况在互联网巨头更普遍。当然，也有可能是民营企业激励到位，员工自愿加班），

①　陈龙：《互联网金融竞争，两种机构能胜出》，博鳌亚洲论坛 2014 年年会"互联网·金融：通往理性繁荣"分论坛上的发言，http://www.boaoforum.org/2014nhhydt/12685.jhtml。

②　这里的分配主要分析私人部门内部的初次分配，对政府与私人部门之间的初次分配涉及较少。作者主要是想说明互联网巨头与金融的结合在初次分配时如何导致价值向资本家的集聚。

③　注意这里仅仅是为了分析超额利润的分配。民营企业在最大化自己的利润的同时，也为社会做出了巨大贡献，比如就业、税收等，值得肯定。

所获收入与付出不匹配。

在互联网金融中，还通过按生产要素进行分配。按生产要素分配主要取决于生产要素的投入数量和价格。在生产要素数量不变的前提下，生产要素的价格决定了分配的结果，生产要素的价格又决定于市场结构，互联网巨头由于在技术上的优势地位，必然使得生产要素价格较高，分得的超额利润也就越多。互联网巨头，可以利用其垄断地位来获得更多的分配。此外，互联网巨头属于资本密集型企业，金融本身也是资本密集型企业，经营的对象就是货币，如果互联网巨头和金融结合，将会是资本密集型的叠加。若此，在生产要素价格不变的情况下，资本报酬的份额，即资本报酬占总收入的比例将趋于提高；与此对应，劳动报酬的份额将趋于下降。

综上所述，互联网巨头与金融的结合，可能会引发新的社会不公。解决这一问题的方法除了价值的再分配外，也可以通过条件约束来限制互联网巨头过度参与分配，进而实现社会公平。

四、互联网金融的市场准入

前面我们论述了互联网巨头与金融结合，可能存在双重垄断的情况。双重垄断的存在，使得其他"小虾米"难以真正涉足互联网金融，只能在外围小打小闹，难以形成气候。因此，我们需要制定相应措施来防止互联网巨头的双重垄断，如制定合理的市场准入制度，引入适度的市场竞争，即是否允许其加入价值分配的问题。

目前，我国针对互联网金融的市场准入存在一定的"监管空白"，导致了互联网金融野蛮生长，不利于互联网金融的长期健康发展。比如，一些P2P平台已经异化为金融机构，对于这类平台，我们应要么取缔，要么规范，这是因为：这可能会导致P2P行业的"劣币驱逐良币"，大量通过担保本金而生存的P2P会对信息中介类的P2P造成巨大压力，最终使得真正的中介型P2P平台消失①。

限制市场主体参与分配存在一个悖论，如果对大多数投资者进行限制，在一定程度上可以防止超额利润向民营垄断资本家集聚，但也阻止了一般

---

① 实际上，针对完全信息中介类的P2P，考虑到监管成本，监管部门应该放开准入，只需P2P平台信息留痕即可。

市场主体参与超额利润的分配。因此，在当下，市场准入限制应主要针对"两极"，一极是通过设定门槛，把一些资质过低的主体排除在外，防止其异化；另一极是互联网巨头，限制其利用垄断地位获得叠加的超额利润。此外，市场准入要防止监管寻租，否则超额利润又可能在利益集团内部形成。总之，互联网金融市场准入的基本原则是鼓励有序竞争，反对垄断。

互联网巨头＋金融的互联网金融模式，由于互联网巨头可以利用其垄断地位获取超额利润，因此必须限制其扩张范围。我们限制市场准入的重点是防止其大而不倒，防止其监管套利，如针对第三方支付＋货币市场基金，增加流动性拨备的限制，要求其在资产方留有充足的优质流动性资产储备，以应付根据流动性压力测试估计的未来一段时间内的净现金流出量。总之，通过限制来遏制其获得超额利润的能力。

具体来说，对于互联网金融的市场准入，主要有三个方面[①]：一是对互联网企业股东的限制，二是对互联网金融平台发行人的限制，三是对互联网金融平台投资者的限制。其中第一、第二点是为了防止互联网巨头与金融的结合，形成垄断，获得叠加的超额利润，第三点是为了保护消费者的利益，把资质过低、风险承受能力低的主体排除在外。

对互联网金融企业股东和高管的限制，主要目的是防止大而不倒，防止垄断[②]。即使未来互联网金融可以做到完全去中心化，但互联网平台还是会存在的，掌握核心技术的互联网巨头就可以获得超额利润。此外，平台形成后，也会自动形成垄断，其他主体很难进入，为了限制一家独大的情况，防止超额利润的叠加，需要对业务范围进行限制，对平台的股东进行限制。

比如对互联网金融平台（主要针对互联网巨头控制的平台）的业务范围进行限制，如互联网巨头开展金融业务，必须获得相关牌照（不能打擦边球）。再如，对互联网巨头开展的一些具有垄断性质的业务，监管部门也必须高度警惕。

---

① 互联网金融虽然发展迅速，但也出现了很多问题。部分 P2P 平台中，客户资金与平台资金没有有效隔离，出现了若干平台负责人卷款"跑路"案例，如中宝投资等；部分 P2P 平台营销激进，将高风险产品销售给不具备风险识别和承担能力的人群（比如退休老人）；部分 P2P 平台触及了非法集资、非法吸收存款的监管红线。这种通过不合法的手段参与超额利润的初次分配，这种情况必须限制其准入。此外，互联网巨头利用其优势地位而获得的超额利润，也应该限制其准入。

② 本部分参考了《互联网金融手册》的部分内容，具体请见谢平、邹传伟和刘海二：《互联网金融手册》，中国人民大学出版社，2014。

第一，对互联网金融平台的股东、管理者的监管。一方面，在准入审查时，应排除掉不审慎、能力不足、不诚实或有不良记录的股东和管理者；另一方面，在持续经营阶段，严格控制股东、管理者与互联网金融平台之间的关联交易，防止他们通过资产占用等方式损害互联网金融平台或者客户的合法权益；再一方面，互联网金融平台的董事、监事和高管要具有一定金融知识和从业经验，要通过一定背景审查（比如，具有良好的职业道德，没有不良记录）。这是因为董事、监事和高级管理人员是经营管理的核心，对平台经营和发展发挥着极其重要的作用，对其任职资格进行审查，可以在一定程度上防止其利用非法手段获得超额利润而跑路。

第二，对互联网金融平台发行人的限制。一方面，对于超过一定融资额度的发行人，应限制其在平台上继续进行筹资，尤其是互联网巨头，避免其利用技术和其他优势地位，控制平台，倒逼平台，把平台变成一个人的舞台，如每年通过众筹融资平台募资总额不超过一定数额（如 100 万美元）。另一方面，必须严厉禁止平台给股东融资。

第三，对投资者的限制（即投资者适当性监管）。对投资者，一方面，如果个人投资者年收入或净资产少于 10 万美元，则投资限额可设为 2000 美元或者年收入或净资产 5% 中孰高者。另一方面，如果个人投资者年收入或净资产中某项达到或超过 10 万美元，则投资限额可设为该年收入或净资产的 10%。这里有一个权衡，即适度净资产规模的限制，如果太高，可能会使得价值分配向少数人集中，如果太低，可能会不利于对投资者的保护。

五、结论与政策建议

我们运用政治经济学基本原理和方法对互联网金融的价值形成与价值分配进行了分析，得到如下结论与政策建议：

第一，互联网巨头开展互联网金融，可能存在双重垄断，进而获得叠加的超额利润，包括了互联网超额利润和金融超额利润，可能会引发新的社会不公，这不利于互联网金融的长期发展。

第二，生产决定分配，在互联网金融的价值分配中（互联网巨头开展互联网金融），会导致超额利润向私人部门聚集。价值在互联网金融中创造出来以后，首先需要进行初次分配，通过按生产要素分配的形式流向私人部门（当然，超额利润流向私人部门并不是一定不好，至少可以激励人们努力干活）。

第三，为了防止互联网巨头的双重垄断，政府可能会限制一些主体参与分配，实施市场准入。一是必须对互联网平台股东进行限制，以防止其大而不倒，防止其垄断。二是对互联网巨头开展互联网金融的业务范围进行限制。三是防止互联网巨头大规模的收购，进而进行关联交易。四是限制异化的互联网金融平台参与分配，如部分 P2P 平台。

第十三章　互联网金融监管的理论要点

在中国，互联网金融还处于野蛮生长状态，尤其是 P2P 平台，有些异化为金融机构，开展资金池业务和债权分拆业务，导致了一系列问题，如出现了若干平台负责人卷款"跑路"的情况。面对互联网金融风险事件频发，监管当局不能放任其野蛮发展，需要给予一定的监管①。这是因为个体理性与集体理性仍然存在冲突②。另外"刚性兑付"已成潜规则，风险定价机制在一定程度上是失效的。还有一些互联网金融形态打着平台的幌子，行金融机构之实，具有很强的外部性。

但互联网金融监管不能从一个极端（自由放任）走向另外一个极端（直接关闭或暂停交易）。对互联网金融的监管要把握好"度"，即适度性和创新性的关系。我们对互联网金融实施的监管必须与这种监管所期望产生的收益相符，也就是说监管成本与监管收益要匹配，监管成本包括由监管机构实施监管所产生的人、财、物，更包括监管所带来的对金融创新的压制，监管收益主要包括监管所带来的互联网金融的良性发展。金融监管可以带来金融创新，但过于严厉的监管则会扼杀掉金融创新。

互联网金融本身及其风险的特殊性，给金融监管带来了难题。表现在：对市场主体来说，互联网金融可以降低信息不对称，但对监管者来说，这也能够分散信息和转移信息，导致无法获得监管所需要的信息。同时，非金融与金融因素的混合，会使得监管者获取信息的难度增加。加之互联网金融的匿名性和虚拟性，能够隐蔽监管所需要的关键信息。总之，在互联网金融模式下，监管者获取监管所需信息的成本过高，抑或是根本无法获得。因此，在互联网金融模式下，如何进行监管创新，值得我们思考。

---

① 虽然一开始我国政府对此采取了放任其自由发展的态度，但这可能是因为当时没有找到好的监管办法。

② 谢平、邹传伟、刘海二：《互联网金融手册》，中国人民大学出版社，2014。

一、互联网金融风险的特殊性

互联网金融与互联网紧密相关，这里的互联网本身可以理解为一种市场，发挥着与银行、证券公司等金融中介一样的功能。首先因为互联网本身就是一种市场，使得互联网金融与传统金融形态相比，其面临的最大风险为信息科技风险；其次互联网金融主要服务于普通民众，因此互联网金融与传统金融相比还表现为"长尾风险"；最后网络的虚拟性特征，使得互联网金融还存在虚拟性风险。

（一）信息科技风险

有关信息科技风险，大多散见于操作风险的定义之中，如 1993 年，全球衍生品研究小组认为操作风险是由于控制和系统的不完善、人为错误或管理不当所引起损失的风险。巴塞尔委员会 2003 年在《操作风险管理和监管的稳健做法》中将操作风险定义为：由不完善或有问题的内部程序、人员以及系统或者外部事件所造成损失的风险。而银监会在《商业银行信息科技风险管理指引》中专门给信息科技风险下定义，信息科技风险是指信息科技在商业银行运用过程中，由于人为因素、自然因素、技术漏洞和管理缺陷产生的操作、法律和声誉等风险，这里的信息科技风险研究对象仅为商业银行。

我们认为信息科技风险的研究对象不仅包括商业银行，还包括其他从事金融活动的机构和个人。他们在从事金融活动时，存在由于硬件（如电脑和手机）瘫痪、各种软件故障、网络病毒、人员操作失误与数据传输和处理偏差以及各种网络欺诈等造成损失的风险。

由于互联网金融对互联网技术依赖性很强，因此信息科技风险是其面临的一类特殊风险，并表现出如下特点：

第一，传递性。信息科技风险具有传递性，能够快速地向系统内其他成员传播。这是因为现代信息通信技术缩短了人们的时空距离，以前陌生的生人社会逐步变为"村里"的熟人社会。最典型的例子是社交网络的发展，网络中的成员通过电脑或者手机这一终端互相连接起来，可以互相调节资金余缺。其成员可能来自世界的任何一个角落，每一位成员都是社会网络里的一个节点，一旦某个节点出现问题，有可能会迅速传递到其他节点。

第二，复杂性。在互联网金融时代，一些大规模、情绪化和间断性的数据需要储存，这需要数据集中。由于数据量大，其储存和计算需要通过云端来完成，而数据的集中某种程度上会导致风险的集中，一旦发生信息科技风险，其复杂程度肯定会增加。此外，基于大数据的风险定价，可以通过计算机自动生成风险违约概率。但在风险定价的过程中，一旦某一参数出错，其导致的损失可能是非常巨大的，比如风险定价所依据的信息有误（或者信息含有大量"噪声"），抑或是错误信息被当成正确信息使用。

第三，隐蔽性。信息科技风险的隐蔽性，有些可能是因为技术设计人员事先没有考虑到，抑或是无法考虑到，如系统的某些漏洞和缺陷。这些漏洞会在底层逐步累积，常规情况下难以察觉，只有发展到一定规模时才能够被发现，如互联网上的某些病毒具有一定潜伏期，必须累积到一定程度才会爆发出来。

第四，突发性。从信息科技风险产生的过程来看，一般都具有突发性。大多时候都是由一些外部事件触发，如地震和海啸之类的自然灾害、电力中断、网络瘫痪以及其他设备故障等，发生故障的时间比较突然，如互联网金融交易过程中信号突然中断等。导致信息科技风险突发性的原因，往往也是无法预测的，很多时候不能通过事先反复测试来避免。

（二）"长尾"风险

互联网金融拓展了交易可能性边界，服务了大量不被传统金融覆盖的人群（即所谓"长尾"特征），使得互联网金融具有不同于传统金融的风险特征。具体表现如下：

第一，互联网金融的投资者群体以个人投资者为主（更多地还表现为弱势群体），他们普遍缺乏对互联网金融交易规则及相关专业知识的认知与了解，投资理念和风险意识缺失，存在投机心理和"博傻"心态，投资中的非理性交易行为严重，导致众多投资者的投资权益和利益受损。第二，他们的投资小额而分散，投入精力监督互联网金融平台或机构的成本远高于收益，所以"搭便车"问题更突出，针对互联网金融的市场纪律更容易失效。第三，一旦互联网金融出现风险，从涉及人数上衡量（涉及金额可能不大），对社会的负面影响很大。

中国互联网金融还处于野蛮生长的状态，公平的制度环境、完善的博弈规则和公开透明的信息披露机制还没有形成，投资者（尤其是弱势群体）面临着巨大的系统性风险。

(三) 虚拟性风险

虚拟性在给人们带来方便、灵活的同时，也带来了风险。如比特币生来就具有虚拟性，容易被用于洗钱、贩毒等犯罪活动，再如，通过注册虚拟账户进行虚假商品交易、从事洗钱等。虚拟性的存在，使得监管部门找不到风险主体，导致事后不能追责，从而使得人们"胆大妄为"，引发风险的产生。

由于互联网金融的虚拟性，交易双方互不见面，只是通过网络发生联系，这使得验证交易者的身份、交易的真实性难度加大，增大了交易者之间在身份确认方面的信息不对称，并有可能会转化为信用风险。而在传统金融领域中，比如商业银行就有一套非常严格的信息确认机制。但是在互联网金融模式下，主要是一种"弱面签"（即通过第三方来验证身份），或者压根儿就是匿名的，这使得交易者的身份从一开始就有可能是虚构的，在信用体系不完善的情况下，很容易导致大规模的漏洞，形成潜在的威胁。

此外，互联网金融可能涉及人数众多，同时也会与不同的社会主体发生联系，如各种传统金融机构等，一旦由于虚拟性的原因引发风险，可能传染到金融系统的各个部分（比如目前互联网金融的清算体系还主要依赖于传统银行体系，虚拟性风险可以通过这一渠道进行传染）。因此，虚拟性风险必须加以重视。

最后需要说明的是，互联网金融几种特殊性风险之间不是相互独立的，在一定程度上可以相互转化，如虚拟性风险在一定程度可以转化为信息科技风险。

二、互联网金融的监管难题

互联网金融的信息科技风险具有传染性、突发性、复杂性和隐蔽性，使得监管所需要的信息能够在不同主体之间进行转移和分散。互联网金融在降低了信息不对称的同时，也导致了信息分散。此外，非金融与金融因素的混合，使监管者获取信息的难度增加。最后，互联网金融的匿名性和虚拟性，隐蔽了监管者所需要的关键信息。以上种种，导致了监管者无法获得监管所需要的信息或者获取信息的成本过高。

本部分的信息转移、信息分散与信息隐蔽与第二部分的互联网金融风险具有一定的对应关系，当然这不是一一对应，其中有交叉，这里的分类只是为了分析问题的方便。信息转移与信息隐蔽的区别在于：信息转移主要是人们有意而为之，而信息隐蔽主要是由于互联网金融本身的特性所决定的，这同时也是互联网金融的优势所在，但二者又有交叉，信息转移在某种程度上蕴含了信息隐蔽。

（一）信息转移

互联网金融是基于互联网信息和互联网技术来做出决策的点对点的金融行为，互联网金融由于存在信息科技风险，而信息科技风险又具有传染性、突发性、复杂性和隐蔽性，使得监管所需要的信息能够在不同主体之间进行转移和分担。如在某一个节点被植入病毒后，经过一定的潜伏期和积累后（潜伏期能够躲避检测），逐渐传染给其他节点，这时其他节点又成为病毒源，使得监管者无法找到真正的传染源。总之，信息科技风险在不同节点传播的同时，相关信息也随之转移，这为互联网金融监管带来了挑战。

此外，还存在一些其他的信息转移技术，如"翻墙"技术（一种反向代理技术），主要是转移 IP 地址，以此来逃避监管。再如网络电话，主叫人可以随意设置在被叫人电话上显示的电话号码，转移了真正的主叫人的信息。再比如短信转移、电话转移等。而互联网金融高度依赖于互联网技术，这种技术性的信息转移，必将对互联网金融监管带来挑战。

（二）信息分散

互联网金融能够拓展交易可能性边界，具有长尾特征，服务人群广泛，尤其是服务了大量不被传统金融覆盖的人群，参与者多是"草根"，并且涉及人数众多。这些人群的信息主要通过"口碑"形式存在，更多的是一种"软"信息。监管者没有精力也不太可能来搜集这种碎片化的信息，并以此作为监管的依据。

互联网金融能显著降低交易成本和信息不对称，提高风险定价和风险管理效率，资金供需双方趋向直接交易的可能性增加（即点对点的交易），是一种分散决策行为。对监管者来说，分散决策的同时，监管所需的信息也分散了，要把许多单个个体行为信息进行汇集的难度较大，并且信息"噪声"也非常大，这给互联网金融的监管带来了挑战。当存在金融中介时，是一种集中决策行为，相关信息集中到金融机构，监管部门能够对其进行监管。没有金融中介时，信息是分散的，监管部门监管的难度增加，可能导致其放弃监管。

此外，互联网金融中的信息不再只是传统意义上的结构化信息，更多地表现为一种行为信息（信息多样化本身就使得信息分散了，信息能够分散于不同种类的载体之中），如交易活跃程度、社区成员之间的相互点评、视频音频等，对于这些分散化的行为信息，监管者要进行搜集的难度较大。

（三）信息隐蔽

现实中，互联网金融的身份认证，更多是一种"弱面签"，没有准确核对客户的身份信息，这为客户隐蔽身份信息提供了可乘之机。此外，一些互联网货币（如比特币）具有天生的匿名性，它在带给人们快速低廉地进行资金转移可能的同时，也带来了监管难题。这种匿名性可以隐蔽交易主体的关键信息，因此可以利用其进行非法交易活动，如洗钱、贩毒等。

互联网金融能够把金融和非金融要素捆绑在一起，既提供投融资、理财、保险、风险对冲等功能，也与衣食住行和社交活动挂钩，如余额宝、京东白条、微信红包、微信滴滴打车等。诸如此类的金融产品还将越来越多，这类金融产品模糊了金融与非金融的界限。金融因素与非金融因素的混合，隐蔽了监管所需要的关键信息，使得监管者难以辨别其金融属性，这给监管带来了挑战。

互联网金融还能够隐蔽金融产品的属性，比如 P2P、P2B 网络贷款隐含着三层含义，一是贷款属性（显性的含义），与银行贷款类似，属于银行监管的范畴；二是一种直接融资，类似于债券（隐性的含义），属于证券监管的范畴；三是投资人相当于买了信用保险产品，类似于保险（隐性的含义），属于保险监管的范畴。这种信息隐蔽给监管带来了难题。

三、互联网金融监管的博弈分析

在互联网金融中，由于存在信息转移、信息分散和信息隐蔽，监管当局获取监管所需要的信息更加困难，即增加了监管的成本（信息搜集也是一种成本），进而影响监管当局的监管选择。这里作者用一个博弈模型来说明其影响机制[①]（见表1）。

---

① 罗伯特·吉本斯（中译本，高峰译）. 博弈论基础［M］. 北京：中国社会科学出版社，1999.

张维迎. 博弈论与信息经济学［M］. 上海：格致出版社/上海三联书店/上海人民出版社，2004.

　　监管者选择以多大概率进行监管，取决于监管成本 C，且 $C > 0$，而成本 C 包含了监管信息搜集成本。假设市场主体[①]违规所获得的额外收益为 R，其 $R > 0$，违规带来的收益可以理解为一种社会成本，同时假设市场主体违规一旦被监管者发现，监管者没收全部违规收益。$F(C)$ 为市场主体违规后监管部门对其的处罚（即罚款），这里假设 $F(C)$ 是 C 的函数，其 $F(C) > 0$，$F'(C) > 0$，$F''(C) < 0$。处罚力度与监管成本密切相关，这可以在一定程度上威慑违规主体，市场主体越是故意违规，故意转移和隐蔽信息，增大监管成本，一旦被查处就将加倍处罚。并假设 $R + F(C) - C > 0$。

表1　　　　　　　　　　　监管博弈的标准式表述

监管者		被监管者	
		违规 y	不违规 $1 - y$
	监管 x	$R + F(C) - C, -R - F(C)$	$-C, 0$
	不监管 $1 - x$	$0, R$	$0, 0$

　　这个博弈不存在纳什均衡，给定监管者监管，市场主体的最优战略是不违规；给定市场主体不违规，监管者的最优选择是不监管；给定监管者不监管，市场主体的最优战略是违规；给定市场主体违规，监管者的最优战略是监管。

　　为此，我们需要寻找混合战略纳什均衡。设监管者以 x 的概率对互联网金融进行监管，以 $1 - x$ 的概率对其不进行监管，市场主体以 y 的概率违规，以 $1 - y$ 的概率不违规。

　　我们利用支付均等化方法求解混合战略纳什均衡。市场主体（被监管者）选择违规的期望收益为：$[-R - F(C)] \cdot x + R \cdot (1 - x)$，市场主体（被监管者）选择不违规的期望收益为0。因此有 $[-R - F(C)] \cdot x + R \cdot (1 - x) = 0$，解得 $x = \dfrac{R}{2R + F(C)}$。

　　同理，监管者选择监管的期望收益为：$[R + F(C) - C] \cdot y - C \cdot (1 - y)$，监管者选择不监管的期望收益为0。因此有 $[R + F(C) - C] \cdot y - C \cdot (1 - y) = 0$，解得 $y = \dfrac{C}{R + F(C)}$。

　　故我们得到一个有关互联网金融监管的混合战略：

---

　　① 即从事互联网金融工作的机构和个人。

$$x = \frac{R}{2R + F(C)} ; y = \frac{C}{R + F(C)}$$

为了能够具体分析监管者和市场主体的行为选择，需要 x、y 分别对 R、C 求导，得到：

$$\frac{\partial x}{\partial R} = \frac{F(C)}{(2R + F(C))^2} > 0 ; \frac{\partial x}{\partial C} = \frac{-F'(C)R}{(2R + F(C))^2} < 0$$

$$\frac{\partial y}{\partial R} = \frac{-C}{(R + F(C))^2} < 0 ; \frac{\partial y}{\partial C} = \frac{R + F(C) - F'(C)C}{(R + F(C))^2} ①$$

均衡时的含义，有如下几个关键点：

第一，监管者以 $\frac{R}{2R + F(C)}$ 的概率选择监管，市场主体以 $\frac{C}{R + F(C)}$ 的概率选择违规。如果监管者监管的概率小于 $\frac{R}{2R + F(C)}$，市场主体的最优选择是违规；如果监管者监管的概率大于 $\frac{R}{2R + F(C)}$，市场主体的最优选择则是不违规；如果监管者监管的概率等于 $\frac{R}{2R + F(C)}$，市场主体则随机地选择违规与不违规。同理，如果市场主体违规的概率小于 $\frac{C}{R + F(C)}$，监管者的最优选择是不监管；如果市场主体违规的概率大于 $\frac{C}{R + F(C)}$，监管者的最优选择是监管；而如果市场主体违规的概率等于 $\frac{C}{R + F(C)}$，监管者则随机地选择监管和不监管。

第二，$\frac{\partial x}{\partial C} = \frac{-F'(C)R}{(2R + F(C))^2} < 0$，说明监管者选择监管的概率大小与监管成本负相关。在互联网金融中，由于存在信息转移、信息分散和信息隐蔽等行为，使得监管者所需要的信息搜集成本非常高，这时监管者的最优选择可能就是放弃监管②，即对互联网金融采取放任其发展的策略。完全放开并不等于监管者就无所作为，监管者应该强调事后追责，强调平台的信息披露和留痕机制，从而加强对投资者的保护。

第三，$\frac{\partial x}{\partial R} = \frac{F(C)}{(2R + F(C))^2} > 0$，说明监管者选择监管的概率大小与违

---

① 该表达式的符号不确定。

② 这里讨论的是理想的互联网金融形态。

规收益正相关。我们知道系统性重要平台开展互联网金融，比如 BAT①，选择违规后可能得到一个较大的收益，如支付宝可以利用沉淀资金赚取大量利息收入②，因此对这类平台应该重点监管。违规收益换个角度理解，可以看作是社会成本，如果违规造成的社会成本越高，监管者选择监管的概率就越大。而 BAT 这类平台已经大而不倒了，本身就具有一定社会性，违规会带来巨大的社会成本，况且对这类平台进行监管的成本较完全双边的 P2P 平台要低很多，因此对这类机构必须加强监管。

第四，$\dfrac{\partial y}{\partial R} = \dfrac{-C}{(R + F(C))^2} < 0$，说明当违规收益很大时，市场主体（被监管者）选择违规的概率将降低。为什么违规收益越高，市场主体违规的概率反而越小呢？这是因为违规收益高时，监管部门选择监管的概率也越高，违规被处罚的可能性越大③，市场主体（被监管者）反而不敢违规。注意这里有个隐含前提：违规收益越大时，监管部门选择监管的概率也就越大，同时如果监管者选择监管，就能够发现违规行为，并给予处罚。因此，监管者的监管技术需要与时俱进，如监管者主动利用大数据、社交网络来搜集信息④，从而提高监管技术。

四、互联网金融的监管对策

（一）监管的理想结果

对互联网金融的监管，主要是因为互联网金融风险所导致的负外部性。比如信息科技风险具有传递性、复杂性、隐蔽性和突发性等特点，导致金融系统具有一定的脆弱性，而金融系统本身又具有一定的外部性，涉及社会公众的利益，一旦金融系统发生崩溃，单凭市场主体的分担和救助机制是无法化解的。

如果没有监管，互联网金融的风险会逐步放大（尤其是信息科技风险），最终扩散到系统的各个成员。如果加入监管，某些风险会逐步得到控制，甚至会被完全化解，其基本路径为：风险扩散→金融监管→风险传导

---

① BAT 是百度、阿里和腾讯的简称。
② 实际上支付宝利用沉淀资金吃利息是在打政策的擦边球。
③ 有点"枪打出头鸟"的味道。
④ 中纪委查处贪官时也会考虑网络信息，典型案例如"表哥"案、宋林案。

被切断→风险得到控制。当然这只是一种理想结果，现实中互联网金融风险由于其具有特殊性，监管难度将大大增加。但这种理想结果是我们监管所要达到的一种目标，可以作为我们判断监管是否有效率的一个标准。

(二) 监管的原则与措施

第一，加强监管的国内国际协调。

考虑到互联网技术天生的国际性，大量互联网金融活动能够轻松跨越国界，因此，对互联网金融的监管已经不可能由一个国家封闭式的金融监管体系来完成。互联网金融的相关监管应当适应金融国际化的趋势，积极同国外有关金融监管当局建立信息共享、调查协调机制，形成全球范围内的互联网金融风险监管体系，共同防范和化解相应的风险。

互联网金融监管不仅需要加强国际协调，同时也应加强国内不同部门之间的协调。如一些互联网金融产品与社会生活紧密相连，模糊了金融与非金融的界限，依靠传统的思维已经无法进行监管。在中国，监管部门可以与国内其他各部门通力合作，如金融监管部门（"一行两会"）与工业和信息化部、公安部、工商管理总局等部门建立快速处置和打击犯罪的应急协调机制，彼此加强信息共享。此外，监管部门也应该主动利用大数据信息进行监管，积极利用信息技术的优势来提升监管技术，如主动融入社交网络，与民间机构合作等。

第二，对系统重要性机构/平台进行监管。

开展互联网金融的系统重要性机构或平台，在中国典型的是 BAT。这类机构本身就具有一定社会性，做到大而不倒了，如果不对其进行监管，一旦发生风险，将会影响到社会稳定。对这类机构进行监管，应该采取什么样的措施呢？首先是应该要求平台对相关信息进行披露和留痕；其次要求平台承担一定的自律监管，如果平台上出现重大事件，平台应该承担连带责任；再次是在平台上开展的有关金融活动（主要是金额比较大的投融资活动，可以事先设定一个额度），平台有义务向监管当局报告，如果应该报告而没有报告的，需要事后对平台追责；最后是要求平台成立消费者保护基金，一旦发生风险，平台可以启用消费者保护基金进行赔偿。

第三，强调信息披露与留痕。

互联网金融的形式多样，同时也具有一定的隐蔽性，这时要做得事无巨细，对每一个主体都进行监管是不可能实现的。因此我们需要对系统性重要平台之外的其他主体放开准入。但放开准入后，一旦发生风险怎么办，如何保护消费者的利益呢？如果是完全双边的交易，消费者可以通过法律途径解决纠纷，但这需要具有交易方面的信息，为未来追责提供依据。因此，我们要求平台上的任何交易行为都需要留痕，同时产生纠纷时平台有义务、无条件地提供任何数据、任何备份。

第四，投资者教育与适当性管理。

通过投资者教育，引导投资者树立理性投资理念，自担风险、自负盈亏，增强风险意识和自我保护能力。互联网金融更多的是一种自金融、自组织，相应的风险在一定程度上也可以由投资者自行承担，实际上中国 80 后、90 后这代人已经形成了自担风险的意识。

投资者教育能够扩大投资者的信息集（如投资理念作为一种知识，实际上就是一种信息），使得个体理性能够逼近集体理性。投资者信息集的扩大，不仅与投资者个人有关，而且还与各个市场主体等密切相关，更重要的是与国家主体密切相关。国家层面的投资者教育，需要调动各相关主体参与到投资者教育中来，使投资者能够获取充分的信息（投资者学习的过程，也就是教育的过程，同时也是获取信息的过程）。

在现阶段，为了尽量降低互联网金融的风险给社会带来的震荡，需要对投资者进行适当性管理。比如在英国，投资 P2P 平台的必须是高资产投资人，指年收入超过 10 万英镑或者净资产超过 25 万英镑，或者是经过 FCA 授权的机构认证的成熟投资者。

最后需要说明的是，在中国，许多互联网金融平台已经异化为金融机构，如 P2P 平台开展资金池业务、债权分拆业务（实质是庞氏骗局）等，必须对这类机构进行严格监管，或者直接取缔（因为其本身就是非法的），或者规范为平台，防止其跑路。

五、结论

第一，互联网金融面临的风险具有一定的特殊性。在互联网金融中，互联网本身作为一种市场，使得互联网金融与传统金融形态相比，其面临的最大风险为信息科技风险；互联网金融主要服务于普通民众，因此互联网金融与传统金融相比还表现为"长尾风险"；网络的虚拟性特征，使得互联网金融还存在虚拟性风险。我们对互联网金融的监管，必须考虑到其风险的特殊性。

第二，互联网金融在降低信息不对称的同时，也导致了信息分散。非金融与金融因素的混合，使监管者获取信息的难度增加。互联网金融的匿名性和虚拟性，隐蔽了监管者所需要的关键信息。总之，互联网金融下，存在信息转移、信息隐蔽和信息分散，这给金融监管带来了前所未有的难题，使得监管部门搜集监管所需信息的成本过高。

第三，由于搜集互联网金融监管所需信息的成本非常高，这时监管者的最优选择可能就是放弃监管。因此监管者需要对系统性重要平台之外的其他主体放开准入，同时要求平台上的任何交易行为都需要留痕，产生纠纷时平台有义务、无条件地提供任何数据、任何备份。此外，还应该加强投资者教育，培养投资者的风险意识，进而更好地保护好投资者的利益。

第十四章　互联网金融的规制路径研究①

一、中国互联网金融规制概览

本章所提到的规制是指政府为矫正市场机制的内在问题，以法律为基础，通过特定的机构设立相应的规则，以此对交易行为主体进行的干预和约束。从 2013 年互联网金融诞生以来，政府就开始对互联网金融进行规制，内容涵盖互联网金融业务的各个方面，规制的要求和规范也根据实际业务不断更新调整。但有关互联网金融规则方面的规章制度主要集中在 2015 年、2016 年出台，尤其是在 2016 年，国家对互联网金融进行了专项整治，至今还未结束。

近几年国家出台的一系列文件法律法规政策，确立了各个业态的监管职责分工，落实了监管责任，明确了业务边界，确定了"依法监管、适度监管、分类监管、协同监管、创新监管"的原则②，借助负面清单管理模式开展互联网金融领域专项整治③，同时部分互联网金融业态（比如网络借贷等）已提供相应的规制规则④，特别是随着中国首部全面规范网络空间安全管理方面问题的《中华人民共和国网络安全法》的正式施行，中国互联网金融监管的制度体系雏形初显，但面对互联网金融的野蛮生长，互联网金融的有效规制还有很长一段路要走。

---

① 本章主要观点载于应倩倩、刘海二：《互联网金融的规制路径研究》，载《西南金融》，2017（9）。

② 来自 2015 年 7 月中国人民银行等十部委发布的《关于促进互联网金融健康发展的指导意见》。

③ 来自 2016 年 4 月国务院发布的《互联网金融风险专项整治工作实施方案》。

④ 2015 年 12 月央行出台《非银行支付机构网络支付业务管理办法》；2017 年 2 月，银监会出台《网络借贷资金存管业务指引》。

（一）制度本身不完善引致的规则问题

第一，现有法律法规体系难以适应互联网金融发展的需要。从司法角度看，与传统金融业务相似，中国主要采用"行政法规—刑法"的阶梯式监管体系对互联网金融业务进行规制①：在"一行两会"为主体的分业规制模式下，互联网支付由央行负责监管，网络借贷、互联网信托、互联网消费金融、互联网保险由银保监会负责监管，股权众筹融资、互联网基金销售由证监会负责监管，这些监管主体可以出台相应的行政法规对各个互联网金融业态加以规范，对于一些社会危害性较小的违法违规行为，它们可以予以行政处罚；而对那些社会危害较大的犯罪行为，则根据刑法规定由司法机关判定，并由犯罪主体承担相应的刑事责任。互联网金融虽然本质仍属于金融，但又不完全等同于传统金融。相较于在国内已经足够饱和成熟的传统金融业务，互联网金融的发展环境、条件都不一样，也更需要自由和创新，因此要重新在行政法规与刑法之间进行权衡。目前法律上较突出的问题就是对非法集资的界定，以 P2P 网贷为例，《网络借贷信息中介机构业务活动管理办法》将 P2P 网络平台限定为信息中介机构，网络借贷必须严格遵守民间借贷的相关规则，但由于 P2P 网贷具有涉众性，很容易突破非法集资刑事案件中"投资者 30 人或 150 人"的限制而承担刑事责任②，从而无法充分发挥其替代融资的功能。再如众筹，众筹可以分为公益众筹、回报众筹和股权众筹，目前对于回报类众筹，没有任何法律法规的依据，基本满足"非法吸收公众存款或者变相吸收公众存款"的所有条件③，回报众筹和非法集资难以区分。

第二，关于互联网金融各个业态的专门制度需要完善。关于股权众筹，2014 年 12 月中证协发布的《私募股权众筹融资管理办法（试行）（征求意见稿）》是第一部关于众筹的规制细则，但这是在明确股权众筹的定义和监

---

① 刘宪权、金华捷：《论互联网金融的行政监管与刑法规制》，载《法学》，2014（6）。

② 《最高人民法院关于审理非法集资刑事案件具体应用法律若干问题的解释》第三条第一款规定：非法吸收或者变相吸收公众存款，具有下列情形之一的，应当依法追究刑事责任：个人非法吸收或者变相吸收公众存款对象 30 人以上的，单位非法吸收或者变相吸收公众存款对象 150 人以上的。

③ 《最高人民法院关于审理非法集资刑事案件具体应用法律若干问题的解释》第一条规定：同时具备下列四个条件的，除刑法另有规定的以外，应当认定为刑法第一百七十六条规定的"非法吸收公众存款或者变相吸收公众存款"：（一）未经有关部门依法批准或者借用合法经营的形式吸收资金；（二）通过媒体、推介会、传单、手机短信等途径向社会公开宣传；（三）承诺在一定期限内以货币、实物、股权等方式还本付息或者给付回报；（四）向社会公众即社会不特定对象吸收资金。

管主体前发布的，而证监会 2018 年正在制定的《股权众筹试点管理办法》迟迟未出台；关于网络借贷，原中国银监会（现更名为中国银保监会）发布的《网络借贷信息中介机构业务活动管理暂行办法》《网络借贷资金存管业务指引》对网贷的监管规定较为完善，中国互联网金融协会发布的《互联网金融　信息披露　个体网络借贷》定义规范的 96 项披露指标也加强了对消费者权益的保护，但网络借贷缺乏准入退出机制，网贷行业虽由银保监会监管，但其资格审查是工商行政部门负责，仅规定机构具备一般投资咨询公司注册所需条件，经营范围明确"网络借贷信息中介"即可，进入门槛形同虚设，增加了行业风险，容易发生卷款潜逃、跑路倒闭的事件，损害消费者利益。目前虽然部分地方发布了网贷备案登记监管办法，比如上海、厦门、北京、广东（除深圳）等，但是它们在注册登记、银行存管、从业人员资质以及备案申请审核时限方面都有所差异，而网贷行业的全国性与监管的属地性又存在一定的矛盾；关于互联网保险，《互联网保险业务监管暂行办法》明确了互联网保险的经营条件、经营区域、信息披露、经营规则、监督管理等内容，但并没有对互联网发展带来的新险种①进行规制，暂行办法中对其的规制过于宽泛且缺乏可操作性。关于互联网支付，其在中国的发展较为成熟，风险控制和规制力度也逐步加强。

　　第三，与互联网金融相关的基础法律需要完善。2017 年 6 月正式实施的《网络安全法》为互联网金融的健康规范发展提供了基础保障，其中涉及实名制、关键信息基础设施的重点保护等内容，网络、运营、数据安全有了法律保障，但它属于基础性法律，很多条文仅是原则性规定，并没有提供具体的解决路径，缺乏可操作性。因此，仍需制定相应的具体规制细则。金融行业必然涉及消费者权益，互联网金融更是如此，此时的消费者作为互联网金融消费者，相比金融消费者②，其范围更广，所涉及的权益包括但不限于金融消费者的权益，因为互联网金融业务不仅涉及金融机构，还会涉及数据分析等信息服务公司、信息安全公司，比如网贷行业被界定为信息中介机构，其涉及的借贷双方不属于金融消费者但属于互联网金融消费者，在这方面，中国目前仍缺乏相应的法律法规来保护互联网金融消费者的权益。

---

① 比如网销保险业务、O2O 保险业务、信息安全保险等。
② 《国务院办公厅关于加强金融消费者权益保护工作的指导意见》指出，金融消费者权益主要包括财产安全权、知情权、自主选择权、公平交易权、依法求偿权、受教育权、受尊重权、信息安全权等，但对金融消费者并没有明确的定义。

总体而言，各业态的规制措施亟待制定和完善，部分规制有待调整，目前关于互联网金融的规制大多是以部门规章的形式存在，规制效力不足，法律规制体系有待完善。

(二) 互联网金融属性引致的规制问题

从互联网金融本身的属性看其规制现状，主要有以下几方面问题：

第一，互联网金融的混业特征容易造成规制的重叠与空白现象。随着客户对综合性金融服务需求的增强，互联网金融的混业经营趋势越来越明显，比起传统金融混业经营成本高、操作难度大、各业务形态分明、监管职责明确，互联网金融具有操作便捷、成本低廉、信息传播速度快、资金流通速度快等优势，混业经营、跨界经营中各个主体和各项业务之间的联系更为紧密，监管的分工与协调不明确，也更容易产生监管套利。比如互联网支付行业在用户交易数据搜集上有天然优势，可以向信托、互联网基金销售、电子商务等行业扩展业务，从而涉及股票、基金、债券等金融业务，甚至出现"互联网支付＋基金"的金融创新产品，这就会涉及金融业务监管和非金融业务监管和网络平台的监管，并且难以区分监管主体，监管也比较分散，需要"一行两会"、地方金融监管部门与网信部、工信部、工商部门等非金融监管部门进行协调，而目前跨部门跨地区的协调机制并不充分，在监管规则的制定和落实方面往往需花费较高的协商成本，既可能造成规制重复，也可能造成规制空白，当出现问题时，各部门又容易推卸责任，最终导致规制的效率低下，出现钻监管漏洞的现象，产生监管套利。

第二，互联网金融的信息技术风险特征容易带来信息安全隐患，对互联网金融的规制提出了更高要求。一是互联网金融的载体是互联网平台，面临着网络安全问题，加上金融属性以及行业竞争，也容易遭受黑客病毒的恶意攻击，造成信息泄露、资金丢失等问题，虽然《网络安全法》在法律上对互联网金融予以外部保障，但更重要的是互联网金融平台的内部支撑。目前互联网金融平台风控的技术支撑较弱，比如信息存储不安全、防火墙等防御体系较差、密钥管理不完善等，互联网金融的业务发展无法得到保障。二是云计算、大数据等新技术逐步应用于互联网金融业务，进行数据分析、客户追踪、精准营销等，业务内容也不断创新，但相对的规制技术和手段的创新却远落后于互联网金融的发展速度，容易造成规制漏洞。三是虚拟社会中，恶性事件的蔓延和外溢速度更快，要求规制主体更迅速地对有关问题做出反应，规制难度加大。

第三，互联网金融的长尾特征增加了规制难度。互联网金融使得手中只有小额存款以及只需小额贷款的人可以进入市场，传统商业银行等金融中介机构的作用在互联网金融行业中被弱化，资金需求者和资金供给者可以直接匹配交流，降低了交易成本，但同时增加了交易真假的识别难度。互联网金融规制旨在规范交易行为，保护弱势参与者的利益，而其参与者数量多、质量良莠不齐、风险抵御能力较弱、非理性行为较多，同时严重的信息不对称容易弱化参与者的风险意识，弱势参与者的数量增加，对互联网金融规制的要求不断提高。而目前，对互联网金融消费者权益的保护无论是法律法规还是社会规范上都还不够完善，参与者的利益容易更受到损害，会导致社会福利的下降，甚至会引起社会的不稳定。

总而言之，互联网金融的混业属性、信息科技属性以及长尾属性对互联网金融的规制提出了新要求，目前中国对互联网金融的规制还处于"马后炮"方式，出现具体问题后再完善该问题，对风险是被动式防御。

（三）互联网金融不同业态引致的规制问题

互联网金融的业态主要包括互联网支付、P2P 网贷、互联网理财、互联网基金销售、互联网众筹融资等，它们有共性也有差异性。

1. 互联网金融不同业态之间的规制问题。互联网金融是一个谱系概念，本身就包含众多不同的业态，且不同业态发展的模式也有差异。目前针对不同业态的规制体系的构建完善程度不同，比如目前中国互联网支付的规制较为完善，而对众筹、P2P 网贷的规制略显不足。另外各个业态之间甚至是各业态内部的主体存在竞争关系，有时甚至会出现恶性竞争，目前还没有合适的规制手段加以解决。

2. 互联网金融在反垄断和反洗钱方面的规制问题。在"马太效应"和网络规模效应的驱动下，互联网金融市场容易形成垄断①，如支付宝、微信支付在移动支付领域有较强的市场支配地位。垄断形成后，这些平台可能会排除、限制竞争，甚至出现恶性竞争，减少消费者剩余。从中国反垄断政策的现状来看，只涉及了电信、石油、互联网、商业领域等传统的行业，还没有针对互联网金融这种跨界行业制定相应的反垄断政策。

---

① 邹积超：《互联网金融竞争秩序的规制策略——基于双边市场理论的分析》，载《经济体制改革》，2015（2）。

互联网金融还面临洗钱风险，互联网金融的交易不受时间、空间限制，比如，数字货币，交易涉及移动运营商、互联网金融机构、持卡发卡机构等多个对象，交易片段化，对不法分子洗钱行为的信息掌握以及识别难度增加，现有的反洗钱法律法规对传统金融做出了明确规定，但并没有将网络借贷、互联网支付等互联网金融参与者纳入反洗钱法的主体范围。

二、互联网金融规制的国际经验借鉴

英美两国在互联网金融的规制体系构建上较为完善，对中国互联网金融的规制体系构建有重要借鉴意义。

（一）美国

美国对互联网金融的规制相对严格，整体采用功能性规制和规则导向的规制方式。美国具有完善的法律法规，比如《美国联邦法典》《统一货币服务法》《美国金融改革法》《爱国者法案》《网络银行——监管手册》等。不同类型的互联网金融业务，按照其业务功能、性质和潜在影响有不同的规制主体及监管规则。比如，同样从事互联网金融业务，非金融机构由美国联邦贸易委员会和联邦通信委员会进行规制，联邦和州监管机构对金融机构双层规制；第三方支付在美国被认为是"货币服务机构"，受到多个部门、两个层面的规制，其中最重要的规制主体是联邦存款保险公司；众筹和网络借贷的规制主体则是证券交易委员会（SEC）。

美国是互联网支付、众筹以及互联网保险的发源地，互联网支付、众筹和互联网保险在美国的发展比较成熟，在这几个领域的规制也较为完善。

关于互联网支付，美国在备付金、业务管理、准入退出机制、风险管理、反洗钱等方面制定了较为详细和易于操作的规制内容，并且对互联网支付机构实施综合评级和单项评级，形成了一套完整的互联网支付规制体系。此外，在传统的消费者保护法律规范基础上，美国针对互联网支付中消费者权益可能遭受的损害加以特别规定。现行立法主要体现在两个方面：一是差错支付的处理。二是互联网支付机构信息披露义务和对消费者隐私权益的保护。

关于股权众筹，2012年出台的JOBS法案（《促进创业企业融资法案》）是针对创业投资类项目、股权众筹发展的监管法案。消费者保护、风险防范以及促进资本形成是SEC的规制目标，其对众筹的规制主要在平台规制、信息披露以及消费者保护方面，平台规制主要涉及平台注册、投资者教育、风险控制、信息披露以及中介机构规范等内容；关于信息披露，允许股权众筹平台根据发行规模等内容对财务状况进行不同层次的披露；关于消费者保护，美国明确了互联网金融的法律地位，并在众筹的投资者适当性和投资额度管理方面作了详尽的规定。

关于互联网保险，美国保险监管局对互联网保险采取的是以偿付能力规制为核心的宽松审慎监管策略，强调市场的主导地位和行业自律功能，互联网保险没有专门的法律法规，但通过修改完善原有的法律法规使原有的保险监管细则适用于互联网保险，较好地规范了互联网保险的发展。

（二）英国

英国对互联网金融规制的主要特征是集中适度规制，采用原则导向的规制方式。英国的互联网金融规制方式较为单一，主要由金融行为监管局（FCA）规制，少数涉及宏观审慎监管相关机构的互联网金融业务由审慎监管局（PRA）加以规制，分工明确。

英国是网络借贷平台的起源地，监管局将 P2P、P2C 网络借贷定义为"借贷型众筹"，形成了对网络借贷的一套完善成熟的规制体系。对网络借贷的规制主要体现在对网贷平台的规制、消费者权益保护上。关于平台规制，主要涉及市场准入标准、客户资金保护规则、信息披露、撤销权、争端解决与补偿机制、退出机制以及过渡期条款等，明确了各监管部门的规制范围。消费者权益保护是 FCA 进行网络借贷规制的核心，强调信息披露制度，采用政府监管与行业自律的双重规制，既保证了网络借贷的规范发展，又保持了网络借贷的创新活力。

此外，FCA 于 2016 年推出了"沙盒监管"机制。它是在消费者权益得以保障的前提下，通过缩小交易市场范围提供宽松的规制环境，让政府在可控范围内进行多种 FinTech 创新，并且也能够让创业者放心尝试各种相关的创新业务。同时，监管科技的概念（RegTech）被大力支持发展，以提高规制的效率，比如鼓励金融科技企业创新科技手段，资助、培育金融科技公司利用信息工具以及信息技术降低公司合规成本、利用新技术加速达到监管要求等。

（三）几点启示

1. 完善法律法规体系。美国是这方面的典型代表，它有一套强有力的金融法律法规体系，在此基础上通过对原有的法律法规体系进行增改，从而形成了较成熟的互联网金融的法律法规体系。目前中国针对互联网金融出台了一系列规章制度，但体系还不够完善。当前中国网络借贷和股权众筹的规制机制只有整体性方针，缺少规制的具体细则，各业态市场的准入机制太过宽松，形同虚设，可以参照英美两国对网贷、众筹、互联网支付市场准入机制的制定，在注册资格、风险管理、业务内容等方面加以规制，将其严格化。明确的规制职责是英美互联网金融规制高效率的一大因素，总体来看，中国确定了规制主体，但未确定各主体规制的具体内容，仍有混淆不清的地方，因此在后续政策制定时需要明确各规制部门的责任分工。

2. 重视消费者权益保护。强有力的信息披露制度和消费者权益保护制度是英国互联网金融规制体系高效运行的重要保障。互联网金融的长尾效应要求我们高度重视消费者权益保护，完善信息披露，强化市场监督。

3. 加大行业自律监管力度。美英两国都将行业自律监管作为互联网金融规制的一部分，尤其是英国的 P2P 金融协会在规范和发展网络借贷行业上起了重要作用，中国目前仅确定了官方的行业自律组织——中国互联网金融协会，具体的运营模式和确定互联网金融的规制措施，可以参照 P2P 金融协会。

4. 选择合适的监管方式。美国采用较严格的功能性规制和规则导向监管，通过一整套金融监管法律规定以约束金融行为和实践，强调合规性，金融机构和监管机构的创新空间较小，灵活性不足。英国采用集中适度规制，用宽松的原则导向监管鼓励互联网金融创新。这是因为：美国的金融市场庞大且具有创新力，而英国的金融市场较小，为提高其在国际上的金融市场地位，需要鼓励创新。中国的互联网金融市场与美英都有差异，一是发达国家与发展中国家的差异；二是金融市场大小强弱的差异，应当选择适合中国互联网金融环境的规制路径。

三、中国互联网金融规制的主要内容

（一）中国互联网金融的规制体系

目前中国互联网金融仍处于创新活力较弱、规范不足的阶段，中国互联网金融的规制体系不足主要体现在法律体系、监管制度、安全风险防范不完善。云计算、大数据、人工智能以及区块链等信息技术在快速发展，不仅可以应用于互联网金融，也可以纳入互联网金融的规制中。我们应该构建的中国互联网金融规则体系是：以协调创新与规范为出发点，以信息技术为手段，以消费者权益保护为核心。

（二）中国互联网金融的规制路径

1. 完善法律体系

第一，根据互联网金融的特点，修订和补充现有法律法规体系。一方面，通过立法明确互联网金融机构的法律地位和性质，规定各个业态的经营模式、准入退出机制等内容，补充完善基础性法律和消费者权益保护的相关法律法规，提高互联网金融的法律效力和惩罚力度。另一方面，完善刑法手段，加大对互联网金融领域的违法犯罪行为的打击力度。目前互联网金融市场"坑蒙拐骗"时有发生，没有刑法规制作为最后的屏障，铤而走险的人更多，因此需以刑法手段加以规制。

第二，分类规制，区别对待。互联网金融包含不同的业态，同时各业态下也有不同的运营模式，其存在的风险差异较大，因此对于不同的业态甚至模式应采取不同的法律规制手段。比如目前中国第三方支付行业已趋于成熟，目前的法律法规较为完善，可以考虑以立法的形式加以规制；互联网保险适合采用宽松审慎的规制策略，以市场机制为主导，强化行业自律作用和信息披露制度；P2P网络借贷和众筹风险较为突出，违法犯罪手段的创新层出不穷，可以加强相关规章法规的惩罚力度，针对实践中出现的问题发布专门的指引规则，可借鉴美国对众筹、英国对P2P的规制路径，在时机成熟时将法规上升到法律高度。

2. 创新监管体系

第一，改变监管态度。总体而言，中国现阶段的互联网金融规制是被动式的，一般是"马后炮"，但这种机制预防性不够，风险防范能力不足。我们应该明确监管的导向性原则，加强宏观审慎管理，将被动规制变为主动规制，在持续观察、跟踪后给出适当的监管意见。当然，这种情况下，信息披露的强化更重要了，包括法律法规的强制性披露、鼓励性披露，以及权威的信用评级机构对互联网金融各业态的平台机构进行信用评级，提高消费者对各平台的信息认知。

第二，创新监管体制。我们认为，中国以机构监管为主的格局在未来较长一段时间内不会改变，但功能监管和行为监管会逐步得到加强和重视，综合监管会加强。监管职责分工须进一步细化，明确各部门的规制责任，培养严格问责的规制精神；可以考虑配置专门的协调监管机构，完善互联网金融监管的联席会议制度，加强互联网金融监管机构间的协调能力，以解决现阶段互联网金融的跨界经营监管问题。对于定义不清晰、监管责任不明确的互联网金融机构，可由监管机构协调和明确相应的规制职责，避免问题爆发时推卸责任。另外，行业自律这种内部规制的效果要优于外部规制，中国已建立互联网金融自律组织——互联网金融协会，应该督促其充分发挥行业自律作用，协助监管部门开展工作。

第三，完善监管模式，推出中国版"监管沙盒"。中国的金融市场还不完善，创新活力有所提高但仍欠缺，与此同时，中国的互联网金融风险问题也较为突出，因此有必要在鼓励创新的同时规制互联网金融的健康发展，而"监管沙盒"正是一种好的规制路径。这种模式的思路和中国提出的对互联网金融的"试点改革""柔性监管和刚性监管"的理念相类似，柔性监管是指通过数据监测、信息披露、窗口指导、约谈等方式进行规制，刚性监管是指以行政力量、法律手段加以强制性规制。总体而言，英国所实施的"监管沙盒"有更强的容忍性，目前新加坡、澳大利亚等国也开始引进"监管沙盒"，中国可以借鉴他国的经验，推动中国版的"监管沙盒"，为互联网金融的创新规制提供良好的实验环境。

第四，创新监管手段。运用监管科技，即将科技运用于监管，主要以大数据、云计算、人工智能等技术为依托，构建数字化监管体系，有助于实现全面实时的动态精准式监管，更好地防范系统性风险。监管科技的关键是数据，可以考虑整合电商平台、互联网金融等平台的信用数据库资源，由政府牵头成立动态数据库，建立基于大数据的互联网金融风险监测预警系统和早期干预机制。

3. 注重信息科技安全

维护互联网金融的信息安全，加大信息安全的投入与管理，提高信息技术软件、硬件的研发水平，加强基础设施建设，以建立全行业的信息安全防御系统为奋斗目标；采取多种措施保障金融交易安全，加强对互联网金融信息安全知识的宣传力度，树立互联网金融消费者的风险防范意识。

第十五章　监管理论在移动支付中的应用

　　移动支付与第三方支付紧密联系在一起，即使是"通道类"移动支付和商业银行手机银行支付，往往也与第三方支付存在密切的关系。因此，本章我们把移动支付的提供主体假设为第三方支付机构，以此来研究移动支付的风险和监管。如果是银行业机构推出的手机银行等移动支付（包括像 Apple Pay 这类"通道类"的移动支付），直接套用商业银行相关监管办法即可。

　　目前，全国共有约 250 张第三方支付牌照，其主要股东包括移动运营商、互联网企业、证券公司、保险公司等。从各家机构对支付牌照的争夺中，可以发现支付在未来金融业中的重要性。不仅仅是非银行金融机构希望获得支付牌照，各类电子商务公司对此也表现出极大的兴趣。各类机构对支付牌照的热衷，源于第三方支付在互联网金融中的基础地位（即第三方支付本身的重要性），此外，支付还可以积累客户的信息，衍生出其他业务。

一、移动支付的主要风险

　　移动支付在短短几年里迅速发展。目前移动支付已经与我们日常生活紧密联系在一起，但移动支付也蕴含着一定的风险，主要是资金安全性、非法吸储等问题，比如，上海畅通、浙江易士、广东益民三家第三方支付企业，因涉及挪用备付金、非法吸储等行为被吊销支付业务许可证。多家机构通过非客户备付金账户存放并划转客户备付金等违规行为受到巨额处罚。

　　此外，移动支付还可能对宏观经济产生影响，如对货币供给的影响。我们知道支付与存贷款的结合就能创造信用，典型代表是阿里金融。移动支付还往往与电子货币相连，使得货币供给主体呈现出多样化。支付是一国金融业的基础设施，如果监管不当，会直接或间接影响国家金融安全。此外移动支付往往与社会生活紧密联系在一起，加速了货币流转，与移动支付存在关联的虚拟货币在一定程度上可以替代法定货币流通，二者共同作用的结果可能会引起物价水平上升。

这里重点分析移动支付本身的风险，不具体分析移动支付对宏观经济的影响。

（一）资金挪用风险[①]

目前，第三方支付机构挪用客户资金的现象较为普遍，比如，上海畅通、浙江易士、广东益民三家第三方支付企业，因涉及挪用备付金、非法吸储等行为被吊销支付业务许可证。多家机构通过非客户备付金账户存放并划转客户备付金等违规行为受到巨额处罚。

客户的备付金为什么容易被第三方支付机构挪用？这是因为，按照中国人民银行《支付机构客户备付金存管办法》的规定，支付机构在满足办理日常支付业务需要后，可以以单位定期存款、单位通知存款、协定存款或中国人民银行认可的其他形式存放客户备付金。由于"政策口子"的存在，现实中，支付机构一般会将多余的资金做银行协议存款，或者购买银行的高流动性理财产品，购买银行理财产品属于打监管擦边球。更有甚者，某些机构通过虚假交易挪用客户资金，如通过伪造、变造支付业务、财务报表和资料欺骗、掩饰资金流向，达到挪用客户备付金的目的。

（二）洗钱和恐怖融资风险

洗钱和恐怖融资等风险，主要是因为账户实名制问题，虽然中国人民银行在力推移动支付的实名制，但目前还有部分账户非实名。即使是实名制，也可以"张冠李戴"，这样就为洗钱和恐怖融资留下了可乘之机。

移动支付在给人们带来方便、灵活的同时，也带来了风险，比如，一

[①] 为了防范客户资金被挪用，中国人民银行等关于印发《非银行支付机构风险专项整治工作实施方案》的通知（银发〔2016〕112号）要求，以保障客户备付金安全为基本目标，制定客户备付金集中存管方案，要求支付机构将客户备付金统一缴存人民银行或符合要求的商业银行，加强账户资金监测，防范资金风险。《中国人民银行办公厅关于实施支付机构客户备付金集中存管有关事项的通知》（银办发〔2017〕10号）指出，自2017年4月17日起，支付机构应将客户备付金按照一定比例缴存至指定机构专用存款账户，该账户资金暂不计付利息。人民银行根据支付机构的业务类型和最近一次分类评级结果确定支付机构缴存客户备付金的比例，并根据管理需要进行调整。

些移动记录凭证，容易被用于洗钱、贩毒等犯罪活动；再如，借助第三方支付平台，注册虚拟账户，通过虚假商品交易进行洗钱等。虚拟性的存在，使得监管部门找不到风险主体，导致事后不能追责，从而使得人们"胆大妄为"，引发风险的产生。

移动支付交易的双方多数情况下互不见面，只是通过网络发生联系，这使得验证交易者的身份、交易的真实性难度加大，增大了交易者之间在身份确认方面的信息不对称，并有可能会转化为信用风险。而在传统金融领域中，商业银行就有一套非常严格的信息确认机制。而移动支付是一种"弱面签"（即通过第三方来验证身份），这使得交易者的身份从一开始就有可能是虚构的，在信用体系不完善的情况下，很容易导致大规模的漏洞，形成潜在的威胁。

（三）信息科技风险

移动支付的信息科技风险，指在进行支付时，由于硬件瘫痪、各种软件故障、网络病毒、人员操作失误和数据传输和处理偏差以及各种网络欺诈等造成损失的风险，主要表现为客户账号和资金的风险。比如，个人信息泄露、手机感染病毒（木马、钓鱼网站等获取相关信息，或者伪基站发送相关信息，诱导客户上钩）导致资金被盗刷。

为什么移动支付的风险主要表现为信息科技风险呢？一是移动支付业务主要依靠的是开放性网络环境，这种开放性的网络环境容易受到攻击。二是安全技术跟不上移动支付的发展，不同类型的移动支付业务模式不断推出，而与之配套的技术保障手段不完善，导致其支付业务模式可能面临风险。三是用户过于看重支付的便捷性，风险防范意识不足。

二、监管的国际借鉴

针对移动支付的快速发展和交易方式的多样化，我们迫切需要借鉴国际经验，完善监管。

（一）亚洲国家

亚洲国家对第三方支付的监管还比较滞后（当然也包括中国），目前仍处于发展初期。新加坡率先对第三方支付平台实施监管，并在 1998 年颁布了《电子签名法》。韩国以及中国的香港和台湾地区也相继成立了针对第三方支付的监管机构，并颁布相关法规条例。值得一提的是，香港金融管理局采取了行业自律的监管方式，收到了较好的效果。

（二）欧盟

欧盟主要采用机构监管模式，即通过监管机构来监管支付行为。在监管主体方面，欧盟层面主要是欧盟委员会以及欧洲中央银行，各国内部也设立了相应机构进行监管。欧盟通过制定《支付服务指令》和《电子货币指令》对第三方支付机构进行审慎监管，各成员国则依据这两个指令、结合各国特点形成相应立法，建立完善健全的移动支付与第三方支付法律体系。

1. 市场主体准入与退出。在欧盟，第三方支付机构必须获得电子货币机构的营业执照才可从事第三方支付业务。其中，《支付服务指令》对牌照的申请条件做出了明确规定：一是欧盟许可证的适用范围较广，第三方支付机构只要在一个成员国获得营业执照便可在整个欧盟适用，即实行"一证通用"制度。二是对于符合指令规定的小型第三方支付机构，欧盟实行准入的豁免制度，以此鼓励创新、促进小企业的发展，但豁免机构只能在成员国开展业务，如需开展跨境业务仍需申请牌照。三是获得许可证的支付机构可以提供发行电子货币、支付中介等服务。四是欧盟设置了准入的最低资本金要求。为保证电子货币机构具有充足资本金，要求其必须具备100万欧元以上的初始资本金，而且必须持续拥有自有资金，并规定了最低限额。

关于退出机制。欧盟制定的《支付服务指令》中明确规定了监管机构撤销电子货币机构经营资格的情形，并要求监管机构详细公布相关信息以确保程序的公正性。

2. 客户备付金。欧盟认为电子货币是机构的负债，而不是存款，应参照电子货币监管体制进行监管。《支付服务指令》要求第三方支付机构账户分离，开立专门的信托账户以存放客户资金。同时，为维护消费者权益，客户资金一方面受到存款保险的保障，另一方面欧盟还对客户资金的使用制定了严格的限制。客户资金的投资领域仅限于活期存款、债务工具这类低风险的资产，且数量不得超过第三方支付机构自有资金的20倍。欧盟还设立了赎回制度，《电子支付指令》规定客户可在任意时间赎回任意金额，电子货币机构不得施加限制，也不得收取费用。

3. 消费者权益保护。欧盟在《支付服务指令》中提出过失举证责任分配，以明确支付机构和受害人（消费者）在未经授权交易中的责任范围，来确保交易安全。并且强调信息披露和对消费者隐私的保护。

4. 反洗钱。在《电子支付指令》中，欧盟主要通过设定交易金额上限来减少洗钱行为的发生。

（三）美国

美国对移动支付监管的重点是交易的过程。

1. 市场主体准入与退出。依据美国《统一货币服务法》的规定，第三方支付机构必须获得州监管当局颁发的许可证才可从事第三方支付业务。《统一货币服务法》对获得许可证的条件提出了明确要求，美国各州提出的相关要求更严格。美国实行"一州一证"制度，即各州的许可证仅适用于当地，当进行跨州货币转移业务时，需另行申请许可证。凡获得许可证的支付机构，除提供线下支付、移动支付等支付业务外，还可涉足代收代付、资金归集等领域。美国对第三方支付企业资金设定方面的要求主要体现在资本净值下限和特别保证金下限两个方面。《统一货币服务法》对货币服务商申请许可证的要求为维持不低于 25000 美元的资本净值以及缴纳 50000 美元的保证金，保证金上限为 250000 美元。

美国对货币服务商行业规定了明确的退出机制。《统一货币服务法》详细列出了监管机构可暂停、吊销货币服务商许可证的情形，并允许州监管机构发布禁止令，以确保行业的健康发展。部分州在此基础上规定了更为详细的退出机制。

2. 客户备付金。根据对沉淀资金的定位管理，美国将移动支付与第三方支付平台上滞留的资金视为负债，而不是联邦银行法中定义的存款。美国联邦存款保险公司通过提供存款延伸保险实现对滞留资金的监管，支付平台滞留的资金需要存放在其保险的商业银行的无息账户中，每个用户资金的保险上限为 10 万美元。

3. 消费者权益保护。对于以存款账户或借记卡为基础的支付，美国依据《电子资金转移法》以及美国联邦储备局据此制定的 E 条例对消费者进行保护。对于以信用卡为基础的支付，则依据《真实信贷法》以及美国联邦储备局据此制定的 Z 条例对消费者进行保护，并且强调信息披露和对消费者隐私的保护。

4. 反洗钱。"9·11"事件后，美国颁布的《爱国者法案》规定所有货币服务机构需要在美国财政部的金融犯罪执法网络（FinCEN）注册，任何经营货币服务业务的机构在开业前必须通过 FinCEN 的认定。并且这些机构需接受联邦和州两级的反洗钱监管，及时汇报可疑交易，记录并保存所有交易。

美国和欧盟在对第三方支付平台监管中有共同之处：均要求第三方支付平台需通过审批取得执照，限制其将客户资金用于投资，对第三方支付实行审慎监管、反洗钱监控等。

三、监管的核心问题[①]

关于移动支付的监管，目前我国已经建立了相应的监管框架，包括《反洗钱法》《电子签名法》等法律法规，还包括一些规章制度，如《关于规范商业预付卡管理的意见》《支付机构客户备付金存管办法》《非金融机构支付服务管理办法》《支付机构预付卡业务管理办法》《支付机构客户备付金存管办法》和《银行卡收单业务管理办法》等。移动支付现有的监管框架是否能够促进其良性发展？是否能够合理平衡创新性、安全性和稳定性？如若不能，我们又应该建立一个什么样的监管框架体系？

（一）消费者权益如何保护

消费者权益保护的问题，核心是消费者的资金安全与隐私保护。我们知道，移动支付的一个显著特征就是方便快捷，客户不需要输入一大堆号码（这也是移动支付、第三方支付相比网上银行支付、手机银行支付的优势所在）。但移动支付这种"快捷"特征也会带来一定的风险，如快捷支付是"弱认证方式"，相关认证的手段、环节完全凭借支付机构的指令，这种指令单一、无磁卡、无密令、客户认证级别低，虽然有时辅以手机短信验证码，但安全性仍然不高，客户资金被盗事件屡有发生。

安全性和便捷性是一个两难问题，手机银行支付较为安全，但通过手机银行进行支付过程太烦琐，移动支付虽然支付较便捷，但安全性又不够，目前折中这两难冲突的主要手段是保险，即由保险公司对移动支付行为（或者第三方机构）进行全额保险，但如果移动支付发生系统性风险，保险金额会非常大，保险公司可能无法承担。此外，移动支付的安全性问题不仅仅涉及保险公司，还涉及技术手段、诚信体系、道德约束和法律法规等。

---

① 本部分内容参考陆磊、刘海二：《第三方支付监管的有效性》，载《中国金融》，2015（1）。

因此，移动支付的便捷性与安全性如何折中是一个现实难题。

（二）沉淀资金如何监管

移动支付分为两种情形，一种是网关支付，只提供技术支持，不存在沉淀资金的问题，如 Apple Pay、银联推出的移动支付等；另一种是虚拟账户支付，这种支付方式一开始主要是为了解决买卖双方的信任问题，但由此也产生了沉淀资金，如支付宝的沉淀资金包括虚拟账户余额与在途资金。沉淀资金的存在带来了一系列问题，如第三方支付机构可能挪用沉淀资金来发放贷款，或者用作其他途径。

2013 年 6 月中国人民银行发布的《支付机构客户备付金存管办法》指出，任何单位和个人不得擅自挪用、占用、借用客户备付金，不得擅自以客户备付金为他人提供担保。但由于监管技术跟不上，监管依赖于支付机构主动申报，如果支付机构虚构真实交易来挪用客户备付金，怎么监管？仅仅依赖于现场检查是否可以实现有效监管？一些没有取得移动支付、第三方支付牌照的支付机构，如何监管（其挪用客户备付金的可能性更大）？《中国人民银行办公厅关于实施支付机构客户备付金集中存管有关事项的通知》（银办发〔2017〕10 号）明确了第三方支付机构在交易过程中产生的客户备付金今后将统一缴存至指定账户，由央行监管，支付机构不得挪用、占用客户备付金，这能否有效防止客户备付金被挪用？

如果客户备付金被挪用了，产生的巨额收益又如何分配？《支付机构客户备付金存管办法征求意见稿》中曾对此问题进行规定，支付机构只需按季从所有备付金银行账户利息所得中转结不低于 10% 的资金，存放于银行风险准备金专用存款账户，计提风险准备金后的备付金银行账户利息则都可以划转到支付机构的自有资金账户，而《支付机构客户备付金存管办法》则回避了这一问题。客户备付金理论上讲属于客户存管在支付机构的资金，支付机构又将其存管在银行，在法律上属于保管的性质，既然是保管，相应的收益就应该归客户所有（《合同法》对此规定，保管期间届满或者寄存人提前领取保管物的，保管人除应当返还原物外，还应当将保管物在保管期间产生的孳息一并返还寄存人）。但现实中，客户备付金所产生的收益大多归支付机构所有，未来如何进行监管，需要明确和界定。

（三）由支付衍生出的业务如何监管

移动支付与贸易、旅游等社会生活密切相关，这模糊了金融与非金融的界限，如何对其进行监管？移动支付还会衍生出新的金融产品，如货币市场基金＋第三方支付，典型代表如余额宝，如何进行监管？与移动支付密切相关的是电子货币问题，有关电子货币的发行又如何监管？此外，支付＋存贷款能创造货币、创造信用，这又如何监管？这不仅仅是电子货币的问题，还涉及私人货币等问题。

此外，还涉及监管协调问题，移动支付可能会受到与金融业务、网络运营和商务活动有关的监管，司法机关、人民银行、银保监会、证监会、工信部、发改委、商务部门等部门的监管职责如何协调？目前金融稳定发展委员会的成员主要是金融监管部门的，而金融监管部门与非金融监管部门之间如何进行协调，这是个难题。

（四）通过支付进行的洗钱和恐怖融资行为如何监管

由于移动支付"弱面签"的存在，使得我们可以通过移动支付洗钱、套取现金等。这种情况主要表现为开立虚拟账户的移动支付，客户的相关信息（由客户自行登记，如姓名、证件号码、联系电话和地址等），非金融机构难以逐一核实查证信息的真实性（大多只是验证身份证号码的真假，但身份证号码背后的信息难以验证），同时移动支付提供主体也没有动力来验证。因此，移动支付平台可通过大量的匿名和虚假账户来达到洗钱的目的。套现则通常利用两个虚拟账号来实现，基于虚假交易或交易双方取消交易退回款项来套现。如买卖双方可以构造虚假交易，利用信用卡网上支付功能将资金转移到卖方虚拟账户，双方确定交易后将资金支付到支付平台，由虚假买方将账户资金转移到卖方银行账户进行套现（买卖双方相互勾结，或二者本身就具有密切的关系）。

此外，中国人民银行发布的《金融机构报告涉嫌恐怖融资的可疑交易管理办法》指出，恐怖融资主要包括四类行为，即恐怖组织、恐怖分子募集、占有、使用资金或者其他形式财产；以资金或者其他形式财产协助恐怖组织、恐怖分子以及恐怖主义、恐怖活动犯罪；为恐怖主义和实施恐怖活动犯罪占有、使用以及募集资金或者其他形式财产；为恐怖组织、恐怖分子占有、使用以及募集资金或者其他形式财产。移动支付的匿名性和虚假账户为恐怖分子融资提供了可乘之机，同时也为发现可疑交易增加了难度。

四、监管的理念与原则

关于移动支付的监管，必须建立合理的监管理念，并制定监管的一些核心原则。什么是移动支付的有效监管？我们认为，移动支付的有效监管指的是监管措施的制定应该使移动支付的优势最大化，移动支付的风险最小化。

（一）权衡好金融创新与金融安全的关系

对移动支付实施的监管必须与这种监管所期望产生的收益相符，也就是说监管成本与监管收益要匹配。金融监管可以带来金融创新，但过于严厉的监管则会扼杀掉金融创新。对移动支付进行监管在什么情况下是"适度的"，值得监管部门思考。

（二）支付行为监管与电子货币监管的统一

国际上，一些国家对移动支付的监管是支付行为监管与对电子货币监管的统一，如欧盟对移动支付的监管是通过对电子货币的监管来实现的。目前，我国与支付行为相关核心问题是：沉淀资金权属不清为支付机构挪用客户沉淀资金提供了可乘之机，也为移动支付未来的发展增加了不可预期性。因此，如果对沉淀资金进行监管，不仅涉及电子货币，也涉及支付行为，如美国认为支付的沉淀资金是负债而不是存款。

（三）自律监管与他律监管的统一

他律监管主要指监管部门的监管，目前主要是中国人民银行及相关监管部门的监管；自律监管主要是行业协会等的监管，目前主要是中国支付与清算协会。如果仅仅是他律监管，有"剥洋葱"之感，要发现问题，耗时耗力。如果引入自律监管，内行人一眼就能看出问题。但目前的自律和他律监管都还不够，他律监管不能仅仅是人民银行，需要"一行两会"的协调，需要金融监管部门与非金融监管部门的协调。同时自律监管也需要进一步强化。

（四）坚持监管一致性原则

目前一些第三方支付机构虽然没有取得支付牌照，但也从事了类似的业务，对这类型的机构要如何监管？我们必须坚持监管一致性的原则，只需其从事了支付机构类似的业务，就必须接受相同的监管，否则就会出现监管套利，从而不利于移动支付的良性发展。但把没有取得支付牌照的机构纳入正式的监管，可能带来新的问题，比如，是否变相承认其合法性（即给市场的信息是其拥有合法外衣），监管部门本意并不是要给出这一信号。

五、监管的具体措施

关于移动支付的有效监管，需要在事前、事中和事后形成一个立体监管网络，需要不同监管方法的交叉使用。

（一）准入监管

主要是指设置一个准入门槛，符合一定资质的机构才可以从事移动支付，我国目前采用这种模式。中国人民银行《非金融机构支付服务管理办法》对申请人与申请人的主要出资人等的资格条件做出了严格规定，如申请人拟在全国范围内从事支付业务的，其注册资本最低限额为 1 亿元人民币；拟在省（自治区、直辖市）范围内从事支付业务的，其注册资本最低限额为 3000 万元人民币。注册资本最低限额为实缴货币资本。

我们认为，准入监管虽然能在一定程度上排除实力较差的主体，但准入门槛也不宜太高，否则会抹杀支付行业的积极性和创新性，不利于各支付主体形成合理有序的竞争。

准入监管的核心是要事前对一些支付交易行为进行约定：一是设置交易限额等，这是为了客户安全着想，同时也是为了降低系统性风险。此外，为了防止与预防洗钱和恐怖融资活动，对通过移动支付的客户要进行充分的客户尽职调查，重点是所有新开户的客户和发起超过规定限额的客户，当然尽职调查并非指一定要面对面地进行。

二是对发行电子货币的资格、备付金的归属问题事先做出规定。虽然《电子签名法》对电子货币的相关内容有所涉及，但条文非常模糊，没有涉及电子货币的发行主体。《支付机构预付卡业务管理办法》对预付卡的发行主体、金额和业务范围也只是作了简单的规定。

三是对是否投保也可以事先做出规定。支付机构是否对支付行为进行投保，既可以是强制规定，也可以是自愿行为，但必须事先约定。在市场竞争激烈的情形下，支付机构要想吸引客户，必须保证客户资金的安全，市场竞争的压力也可能促使支付机构对支付安全进行投保。

四是对风险损失如何分担需事先做出规定。比如，系统性的支付风险发生后，政府、移动支付、第三方支付机构、保险公司以及消费者之间如何分担风险所带来的损失，分担损失的规则如何制定，必须事先做出安排。

（二）行为监管①

行为监管包括对移动支付的基础设施、机构以及相关参与者行为的监管。

第一，包括准入监管的部分内容，排除不审慎、能力不足、不诚实或有不良记录的股东和管理者。第二，支付机构的资金与客户资金之间要有效隔离，防范挪用客户资金、卷款"跑路"等风险。第三，要求支付机构有健全的组织结构、内控制度和风险管理措施，并有符合要求的营业场所、IT基础设施和安全保障措施。第四，重视非诉讼机制，如在线仲裁，协会或者各种委员会的条件等，对客户之间、客户与第三方支付机构之间发生的纠纷，要能够及时解决。

（三）信息监管

信息监管的核心是在互联网对支付相关的信息进行充分、及时披露的基础上，利用机器学习、搜索引擎等技术对信息进行动态排列，个体通过大众点评原理对相关的信息进行点评，对支付机构披露的信息进行筛选和"去伪存真"，监管部门或者行业自律组织在信息充分准确的基础上进行动态监测，若发现异常行为或者违反有关规定的行为发生，对其进行重罚。

（四）监管标准

建立信息合作分享机制，明确安全标准与制度，支持跨部门平台建设，加快推进国家级可信服务管理平台建设，确保应用符合标准、安全可信、联网通用，数字证书与密钥管理能实现身份认证的安全。

（五）监管体系

理顺移动支付的监管体系，充分发挥人民银行、银保监会、工信部、

---

① 谢平、邹传伟、刘海二：《互联网金融监管的必要性与核心原则》，载《国际金融研究》，2014（8）。

地方金融监管部门的作用，形成监管合力，加强对第三方支付平台、移动运营商等的日常监管，对移动支付相关企业引入定期监测机制、风险内控机制等监管措施。

（六）监管"沙箱"

在确保消费者权益的前提下，在真实可控的市场环境下测试移动支付的创新产品和服务，在限定的范围内将市场流程和准入标准相对简化，且可以豁免部分法律法规的适用。根据测试情况决定是否进一步推广（即试点），形成试点—监控—验证—开放的监管路径，既不妨碍移动支付创新，也可以有效控制风险。监管"沙箱"的核心是通过试点来逐步推广，在试点的过程中完善产品和风险控制手段。

第十六章　监管科技的理论要点

面对金融科技的日新月异，一方面，传统金融监管应对乏力，监管者要获取被监管者的信息，需制定更细致、复杂的监管规则与流程，需要大量的人员，将大大增加监管的直接成本。同时，还需要考虑监管的间接成本，即监管对金融创新的影响，这里监管的时机选择尤为重要，过早的监管会扼杀创新，太晚又会因监管空白带来风险，而在互联网时代，随着金融科技的发展，确定监管对象、监管时机和监管方式并非易事，易陷入盲目监管或者消极监管的困局①。技术在金融的应用加大了监管者和被监管者之间的信息不对称，对监管提出了挑战，监管机构为了应对上述变化，主动利用新技术以高效和有效地解决监管问题，这是监管机构积极应对金融科技创新的合理反应，即"运用科技执行监管"。另一方面，2008 年金融危机以后监管部门对于金融机构的数据和披露要求大大提高了，不但量大且要求及时、准确，这需要大量的人力和物力，同时，一旦不满足监管机构的要求，还有可能被监管机构处罚，合规成本高，针对这种情况，亟须采用新的技术解决方案来降低快速上升的合规成本，这是金融机构和金融科技企业为满足监管合规要求的应变式主动选择，即"运用科技应对监管"②。

此外，仅有被监管者使用 RegTech（监管科技）时会加剧信息不对称问题，产生监管套利甚至加大金融系统性风险，终导致被监管者收益为负，双方都使用 RegTech 是博弈的最优解。

---

① 杨东：《监管科技：金融科技的监管挑战与维度建构》，载《中国社会科学》，2018（5）。
② 蔺鹏、孟娜娜、马丽斌：《监管科技的数据逻辑、技术应用及发展路径》，载《南方金融》，2017（10）。

一、监管科技的基本概念

国内有学者认为，RegTech 概念最早于 2013 年被提出[1]，但这一时间无从考究，我们认为，RegTech 概念的提出应该晚于金融科技，是在金融科技快速发展时提出来的，是伴随金融科技而产生的，是金融科技的一个分支。在国际上，英国政府科学办公室（UK Government Office for Science）对监管科技的定义是"可以应用于监管或被监管所使用的科技"。英国行为监管局（FCA）认为，是"采纳新科技实现监管目标较目前更有效和高效的达成[2]。国际金融协会（IIF）认为 RegTech 是一种更有效并高效地解决监管和合规负担的新技术，这些技术包括且不限于大数据、机器学习、云计算、区块链、人工智能及密码学等[3]。Arner 等认为 FCA 概括的 RegTech 仅适用于当下发展的 RegTech，他们着眼于 RegTech 的未来发展潜力，指出 RegTech 不单是一种高效的技术工具，更是金融监管进一步发展和演变的关键性变量，支撑着整个金融业[4]。

国内对监管科技的研究始于孙国峰，他认为 RegTech 是"科技与监管的有机结合，将技术用于金融机构，以监管合规要求"，他指出，在金融机构普遍采用 RegTech 遵守监管制度、降低合规成本时，监管机构也需要采用 RegTech 维护金融稳定[5]。费方域认为监管科技（RegTech）即用新技术促进监管要求落地，一方面是监管者如何使用技术来实施监管，另一方面是被监管者如何使用技术来满足监管要求[6]。

综上所述，RegTech 是一个系统性概念，是在后金融危机和数字技术革新的背景下，顺应监管机构和被监管机构的需求，以人工智能、机器学习、区块链、生物识别等新兴技术为手段，以降低合规成本、提高监管效率、

---

① 杜宁、沈筱彦、王一鹤：《监管科技概念及作用》，载《中国金融》，2017（16）。

② FCA, FS16/4：Feedback Statement on Call for Input：Supporting the Development and Adopters of RegTech，July 2016.

③ IIF Reports. Regtech Can Help Industry Address Financial Crime Reporting［R］. https：//www. iif. com/press/regtech－can－help－industry－address－financial－crime－reporting.

④ Douglas W. Arner, Jànos Barberis & Ross P. Buckley, FinTech, RegTech, and the Reconceptualization of Financial Regulation, *Northwestern Journal of International Law & Business*, Volume 37 Issue 3, 2017.

⑤ 孙国峰：《从 FinTech 到 RegTech》，载《清华金融评论》，2017（5）。

⑥ 费方域：《金融科技与监管科技：生态的视角》，载《新金融》，2018（5）。

维护金融稳定与安全为目标而产生的一种新的监管范式。RegTech 主要有以下几个特征：一是数据智能。RegTech 立足于对互联网中海量数据的处理，从监管政策的制定到风险监控再到监管预测，都是由 RegTech 将各种结构化数据、非结构化数据数字化，从而实现 KYC（Know Your Customer，了解你的客户）到 KYD（Know Your Data，了解数据）的转变，同时可用多种分析工具智能挖掘现有的数据集并激发其潜力，实现一集多用。二是灵活迅速。RegTech 可实时监控并获得清晰、准确、安全和及时的数据，比如监管政策，通过对其分析与评估，快速配置和部署新的合规方案，以实现利益最大化；比如风险数据，通过对其的采集、数据分析，实现风险的主动识别、预测以及提前监管。此外，RegTech 将监管风险自动映射到关键业务流程，简化并标准化合规流程，从而减少对人工和重复检查的需求，降低合规成本，提高监管速率。三是系统集成性。RegTech 能够对不同方面、不同维度的监管内容进行分析与处理，形成统一的合规标准，减少之后合规方案的生成与运行时间，最终实现宏观审慎监管与微观审慎监管的有效统一，短时期内可获得解决方案并允许，并且性能具备可扩展性，具有轻松增删服务功能的能力。四是开放性。RegTech 旨在用技术手段降低合规成本，提高监管效率，维护金融稳定，实现参与者多方共赢。

二、监管科技的基本原理

（一）监管科技的基本框架

RegTech 的关键点：以技术为驱动，以数据为核心，监管机构、金融机构、第三方 RegTech 公司等共同参与，具体见图 16-1。

对于监管机构而言，依托第三方 RegTech 公司的好处在于：一是对宏微观审慎监管政策、货币政策规则进行标准化处理，运用 RegTech 各项技术将监管规则数字化、流程化，将监管规则变成可编程的计算机语言，监管金融机构合规情况，实现监管的实时性、动态性与持续性，改善监管业务流程；二是利用 RegTech 抓取金融机构底层数据、对金融机构交易行为加以监控，捕捉金融机构内幕交易等违规行为，构建风险预警系统，识别并防范系统性金融风险；三是根据金融业务的发展与对金融风险的识别制定新监管规则时，利用 RegTech 对监管条款进行自动检查，避免监管重叠与监管套利。

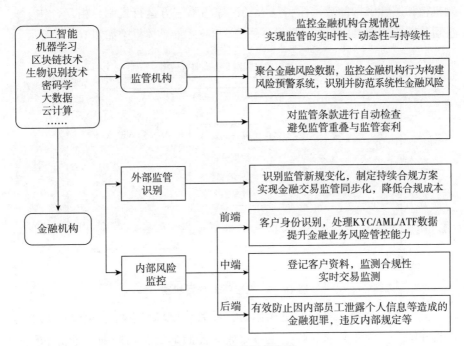

图 16 – 1　监管科技概貌

对于金融机构而言 RegTech 的好处在于：一是外部监管识别，借助 RegTech 对监管新规进行处理、分析、整合，迭代模拟制定符合持续合规的方案，同时将相关规则嵌入业务流程，在交易的同时，判断是否合规，实现金融交易监管同步化，在规避违规处罚的同时降低合规成本；二是金融机构内部风险管理，利用 RegTech 能够提升对金融业务信用风险、市场风险、操作风险、流动性风险等风险的分析、管理及控制能力，前端可收集、读取、处理客户身份管理数据，通过对客户身份的识别，对社交行为、消费行为、交易行为等进行分析，构建预测模型，作用于 KYC（Know Your Customer，了解你的客户）、AML（Anti – Money Laundering，反洗钱）以及 ATF（Anti – Terrorist Finacing，反恐怖融资），利用 RegTech 打击金融犯罪。中端可应用于登记客户资料名册、估值、结算等环节，探测非法资金转账、刷卡结算等异常交易行为。后端对内部员工进行监测管理，利用 RegTech 有效防止因内部员工泄露个人信息等造成的金融犯罪等。

对于第三方 RegTech 公司而言，监管部门借助其 RegTech 能力，能实现监管的科技化；金融机构可依托其提升内部风险管理，降低监管合规成本，从而实现盈利。RegTech 发展初期，如果没有第三方 RegTech 公司的参与，金融机构和监管机构的成本压力巨大，这样的第三方运行机制，相互合作，又各司其职，搭建 RegTech 良性发展环境。RegTech 整体框架如图 16-2 所示。

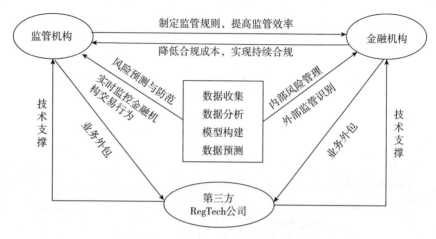

图 16-2　RegTech 作用机制

关于监管合规，对金融机构而言，监管合规流程包括：监管规则的分析与理解→监管业务抽取和标注→对业务控制的定义与映射→业务和流程控制分析→合规报告，借助人工智能，金融机构一旦有偏离监管合规要求的交易行为，系统将自动发出警报，有效帮助金融机构满足合规要求。未来的人工智能甚至可实现对新政策法规的自动解读。对监管机构而言，能够实现实时动态持续性的监管，区块链作为一种分布式记账技术，有助于实现监管指令执行的自动化，确保了基础性信息的真实性，监管机构可以通过对敏感交易数据标记时间戳，对这些数据加以追踪，同时，结合智能合约，通过预先设定的触发条件实现监管的多节点执行，简化金融交易后的结算和对账，实现对监管合规的高效管理。

关于金融机构的内部风险管理，包括以下几方面：一是对于客户身份的识别。客户身份识别是指金融机构在为客户提供金融服务之前，需要全面了解客户，确保客户身份资料的真实性、有效性和完整性，这也是预防洗钱和恐怖融资活动的重要手段，人脸识别、指纹识别、虹膜识别这些生物识别技术有助于对客户身份的识别，当区块链与生物识别技术相结合时，可使客户识别更加及时、成本更低，另外，人工智能在客户身份识别、反洗钱、反恐怖融资等方面也起了重要作用，利用机器学习、数据挖掘等人工智能技术对客户的关系网进行分析，能得到更多客户关键信息，能够更加全面地了解客户。二是对金融业务风险的管理与控制。包括风险计量、压力测试与风险预警，利用人工智能、云计算与大数据等技术，可以准确、迅速地计量风险，通过机器学习与迭代计算，不断更新风险计量模型的指标、参数，自动进行风险核查，提高风险计量与预测精度。大数据技术能够将更多变量纳入压力测试中，人工智能能够实现压力测试的动态化，云计算能够降低压力测试的成本，帮助金融机构实现"自合规"。构建风险计量模型后，需利用人工智能、云计算对数据实时检测，实现风险预警的作用。三是对内部交易、市场操纵的检测，规避金融欺诈。这与反洗钱、反恐怖融资较为相似，通过设定算法，对市场交易数据分析比较，直接锁定交易异常客户，打击内部交易、市场操纵行为，同时人工智能可助力交易比对的实时与动态化。

（二）监管科技的技术基础

RegTech 的技术基础大致可以分为四类，一是提高信息分享效率和协作技术，比如，云计算，为数据共享、标准化流程提供开放式平台，具有超大规模、高扩展性的特点。二是实现集成、标准化和智能理解类技术，比如，应用程序编程接口（API），实现各个系统间数据的对接与交互。又如人工智能，一种包括自然语言处理：机器学习、图计算的自动化分析技术。再如智能合约，加强合同谈判或履行的计算机程序，智能合约允许在没有第三方的情况下进行可信交易，这些交易可追踪且不可逆转，智能合约旨在提供比传统合同优越的安全性。三是实现预测、学习和简化数据类技术，比如，大数据技术，从海量结构化与非结构化数据中提取有价值的实时处理工具/技术。再如机器学习，从数据和模式识别学习中获取知识或技能以达到重构/改变算法，允许系统根据用户的输入自动重新评估和完善流程。再如数据挖掘和分析，为增强决策和人工智能提供了强大的数据挖掘潜力。再如仿真技术、视化解决方案，加快对复杂、异构、海量数据分析结果的理解。四是实现监管合规流程的新技术，比如，区块链技术，允许在没有中央权限的情况下即时在网络上创建和验证交易，可以跟踪与检测金融交易行为，降低成本，同时降低欺诈风险。再如生物识别技术，包括人脸识别、指纹识别、虹膜识别等，有利于提高安全性。

我们认为机器学习可以看作是自动化分析技术，这种智能化在现在乃至未来可视为人工智能的具体表现。智能合约某种程度上是区块链模型架构的一部分，数据挖掘与分析和可视化解决方案是作用于数据处理和呈现的具体方式，从计算机发展开始便已存在。总体而言，RegTech 的发展依托的新兴技术主要包括云计算、区块链技术、应用程序编程接口（API）、人工智能、大数据以及生物识别技术。

结合前文分析的 RegTech 作用机理，RegTech 首先要实现监管数据的收集、整理、处理与共享。第一，依托人工智能技术比如自然语言处理技术（NLP）、机器学习（ML），快速整合与分析繁杂的结构化与非结构化数据；第二，借助云计算开放平台数据共享的特点，可以使金融机构之间的数据共享更加便捷，拓宽金融机构数据获取的渠道；第三，相关监管政策数字化协议的共享需借助应用程序编程接口（API）实现监管机构与金融机构之间数据的有效对接与交互。

最后，监管规则数字化后需将监管机构与金融机构进行对接，目前的做法是使用 RegTech 应用程序编程接口（API），监管机构或者第三方 RegTech 公司根据监管规则定制"可编程"的多种监管 API[1]，金融机构调用 API 分析、处理自己的数据，形成合规方案，提交合规报告，从而实现数据的对接与传输。未来的发展方向可能是利用区块链技术记录各种数据，并将监管政策函数化，作为开放性服务，这样便可实现通过云端对金融机构实施监管，不过鉴于法律法规的不兼容，实现接口统一仍是一大挑战[2]。

三、监管科技的发展进展

近年来，监管科技发展迅速，各国高度重视金融科技的发展，RegTech 公司如雨后春笋般涌现，目前全球已有数千家 RegTech 公司为金融机构、监管机构提供风险管控、监管合规等服务。与此同时，国际上对 RegTech 的研究热度逐渐攀升。国际层面对运用 RegTech 助推金融监管体系的改进已达成共识，虽然还未形成统一的监管框架，但正在逐步落实。2017 年 3 月，国际金融协会（The Institute of International Finance，IIF）发布《部署监管科技打击金融犯罪》的工作报告，报告提到 RegTech 能够加强 AML/KYC 框架和改进合规，RegTech 解决方案能够提高金融机构应对金融犯罪的能力、速度和效率。2017 年 4 月，国际货币基金组织（International Monetary Fund，IMF）成立了 FinTech 顾问小组，其中包括研究运用 FinTech 为监管服务。

---

① 张家林：《金融监管科技：基本原理及发展展望》，载《公司金融研究》，2017（1）。
蔺鹏、孟娜娜、马丽斌：《监管科技的数据逻辑、技术应用及发展路径》，载《南方金融》，2017（10）。
② 杨宇焰：《金融监管科技的实践探索、未来展望与政策建议》，载《西南金融》，2017（11）。

2017 年 6 月，FSB 在《金融科技对金融稳定的影响》（*Financial Stability Implications from FinTech*）报告中阐述了 FinTech 领域中需关注的十项监管和立法事项。上述国际机构均设立了专门的 FinTech 小组，FSB 关注 FinTech 对金融稳定的潜在影响，IOSCO 主要关注 FinTech 对资本市场的影响。以及对资本市场监管的挑战，IAIS 重点研究普惠保险、保险行业风险等问题。总体而言，这些国际机构从不同角度研究 FinTech 的发展、影响，并探索如何相应完善监管体系。

研究与实践相互促进，共同推动 RegTech 的发展，下面我们选取几个具有代表性的国家，分析其 RegTech 的发展。

（一）英国

英国是首先提出并倡导使用 RegTech 的国家，RegTech 受到英国金融监管当局的高度关注，并将其作为单独一个行业列入 FinTech，同时为支持新型 FinTech 初创企业的发展，提出监管沙盒（Regulatory Sandbox）①、产业沙盒（Industry Sandbox）②、保护伞沙盒（Umbrella Sandbox）③ 三种沙盒模型，成为全球 RegTech 创新的源头。其中监管沙盒制度得到印度、新加坡、澳大利亚、加拿大、日本等 18 个国家的金融监管部门的认同。2016 年 4 月 FCA 开始举办 RegTech 主题研讨活动，监管方牵头和市场参与者一起探讨监管问题，之后又多次举办了 TechSprint 会议。2017 年 4 月，英国财政部发布《监管创新计划》（*Regulatory Innovation Plan*），指出监管部门应利用 RegTech 来减轻监管压力，降低合规成本。2018 年 2 月 FCA 在《关于利用技术实现更加智能的监管报送的意见征询报告》（*Call for Input：Using technology to achieve smarter regulatory reporting*）中提出创建机器可执行的监管报送方案解决监管报送问题，并讨论如何在实际金融环境中实施底层理论框架问题，以开源的方式寻求国际合作。同月，FCA 提出了全球版本"监管沙盒"的可能性，使 FinTech 公司可以同时在几个

---

① 监管沙盒是指金融服务公司将软件运行在模拟控制系统下，其中运行的数据只会记录在沙盒里面，而不会记录到真实系统中。由于每个公司所提供的服务不同，沙盒如何设置、如何测试是一事一议的，即监管单位以及金融科技公司需要讨论设计测试标准以及测试程序。但是进入沙盒计划的公司可以免受一些监管责任，在这样的环境下，金融科技公司可以做实验。

② 产业沙盒是指行业内许多公司聚在一起成立一种虚拟的测试环境。产业可以决定对于一种新技术，可以用某些测试来检验这种新技术。主要是让许多公司在产业内都能够在同一环境下做测试。由于使用的测试环境相同，参与测试公司可以得出比较客观的结果。

③ 保护伞沙盒和产业沙盒相似，也是为整个产业做服务，有统一标准。但它是被金融监管单位授权的，由一个非营利的公司来经营这项沙盒事业。

监管辖区内进行测试，帮助监管机构识别和解决共同的跨境监管问题。

（二）美国

美国对 RegTech 的发展持支持态度，主要通过对 FinTech 的规划强调监管问题。2016 年初，美国消费者金融保护局（Consumer Financial Protection Bureau，CFPB）与货币监理署（Office of Comptroller of Currency，OCC）共同发布了有关如何评估和应对 FinTech 和 RegTech 产品的指引，推动 FinTech 企业利用科技手段主动适应监管体系。2017 年 1 月，美国国家经济委员会发布金融科技监管白皮书（Framework for FinTech），为监管机构如何评估 FinTech 提供了十项原则，部分联邦金融监管部门和一些州金融监管部门已开始开展各自的金融创新实践，包括 2016 年美国货币监理署创建创新办公室（Offices of Innovation）鼓励 FinTech 和 RegTech 公司将技术运用于监管。2017 年 5 月，商品期货交易委员会（The Commodity Futures Trading Commission，CFTC）成立 CFTC 实验室（LabCFTC），以加强监管部门与金融机构的联系，提升监管效率，完善监管体系，同时期待依托区块链技术完成金融机构合规报告的收集和 CFTC 监管报告的分发。美国消费者金融保护局创建了类似监管沙盒的催化剂项目（Project Catalyst），旨在鼓励非营利组织、FinTech 公司与银行开展金融创新合作，但由于该项目没有实际法律效力，其实施效果显著弱于"监管沙盒"。2017 年金融业监管局（The Financial Industry Regulatory Authority，FINRA）推出了创新推广活动（Innovation Outreach Initiative），与前几项作用相似；2018 年 3 月，美国亚利桑那州于正式推出美国首个"监管沙盒"计划，创新的同时保护消费者权益。总体而言，美国现有监管体系较为完善，对 FinTech 的监管也逐步纳入原有体系中，因此对 RegTech 没有作特别说明。

（三）澳大利亚

2016 年澳大利亚证券与投资委员会（ASIC）设立 RegTech 部门，给予 RegTech 政策支持，同年，ASIC 推出《257 号监管指南》（*Testing FinTech Products and Servies without Holding an AFS or Credit Licence*），启动监管沙盒计划，促进监管和科技交互上的内部创新。此外，ASIC 为金融机构和第三方 RegTech 公司提供指导，主动促进三者之间的合作与交流；积极研究 RegTech 的实践应用，比如将人工智能、机器学习运用于智能投顾分析；基于机器学习提取报告信息，并予以评估；基于大数据分析跟踪监测用户行为；使用知识图谱分析交易行为等。同时，ASIC 主动参与并开展国际 RegTech 交流与合作，2017 年 2 月，ASIC 举办 RegTech 圆桌会议，为成立 RegTech 小组听取各方意见，促进 RegTech 可持续性发展。

（四）印度

印度近两年处于 FinTech 的繁荣发展时期，因此对 RegTech 也极为关注。印度政府高度关注 RegTech 在 FinTech 监管乃至金融监管中的重要作用，印度储备银行（RBI）积极制定监管法律法规，促进监管科技的发展。2017 年 12 月，印度央行发布 *Report on Trend And Progress of Banking In India*，指出将 FinTech 纳入监管范畴，促进其创新与健康发展。RBI 也将应用 RegTech 制定监管政策，应对 FinTech 发展带来的监管挑战。

（五）中国

中国的 FinTech 发展迅猛，RegTech 成为监管 FinTech 新业态的有效手段，因此对 RegTech 的需求更强烈，中国相关部门对 RegTech 高度关注并大力支持。2017 年 5 月，中国人民银行成立金融科技委员会，旨在加强 FinTech 工作的研究规划和统筹协调，同时提出强化 RegTech 应用实践，积极利用大数据、人工智能、云计算等技术丰富金融监管手段，提升跨行业、跨市场交叉性金融风险的甄别、防范和化解能力。2017 年 6 月，中国人民银行发布《中国金融业信息技术"十三五"发展规划》，提出要加强 FinTech 和 RegTech 研究与应用，研发基于云计算、应用程序编程接口（API）、分布式账本技术（DLT）、密码技术等的金融监管平台和工具，应用数字化监管协议与合规性评估手段，提升金融监管效能，降低机构合规成本。2017 年 7 月，全国金融工作会议明确了服务实体经济、防控金融风险、深化金融改革三项重要任务，对监管机构的监管能力和手段提出了更高要求，监管科技与国家金融战略的需求实现了高度契合。2017 年 10 月，党的十九大报告提出"健全金融监管体系""深化简政放权，创新监管方式"，为 RegTech 提供了重要政策支撑。2018 年 3 月，全国政协委员、中国证监会信息中心主任张野表示证监会正在制定行业 FinTech 发展指导意见，基于全球 RegTech 发展情况，制定了我国资本市场 RegTech3.0 的总体实施方案，促进并规范行业 FinTech 和 RegTech 健康、平衡发展，加强 FinTech 和 RegTech

应用的风险防控工作①。其中，中国香港地区也积极探索与应用 RegTech，2016 年 3 月，香港成立金融科技促进办公室（FinTech Facilitation Office），其中一个工作重点就是建立 FinTech 机构与监管机构的沟通桥梁。2016 年 9 月，香港金融管理局成立金融科技创新中心和"金融科技监管沙盒"（Fin-Tech Supervisory Sandbox，FSS），平衡监管与创新。2018 年 1 月，中国台湾地区金融监督管理委员会发布《金融科技发展与创新实验条例》，成为全球第一个以成文法推出监管沙盒的监管机构，并在 2 月成立 FinTech 发展与创新中心，推进监管体系的构建。

中国对 RegTech 的发展持鼓励与支持态度，不过与国外有所不同，中国金融市场仅次于美国，但监管体系落后于 FinTech 的发展，中国金融机构更倾向使用 RegTech 管理内部风险。自 2017 年 5 月中国人民银行成立金融科技委员会后，中国的 RegTech 也开始逐步应用与落实，整体来看中国仍处于 RegTech 发展初期，但相关实施成果仍不少。具体见表 16 – 1。

表 16 – 1　　　　　　　　　　中国 RegTech 相关实施成果

参与方	机构	RegTech 成果
监管机构	证监会	依托大数据分析技术打击内幕交易
	原银监会	用分布式架构搭建 EAST 数据仓库，银行业务进行检查分析
	深圳市金融办	采用金融风险监测预警平台和地方金融监管信息系统，以大数据、区块链等先进技术为核心构建风险模型，对 P2P 网贷、小额贷款公司、交易场所等新兴金融业态进行非现场监管
	中国人民银行反洗钱监测中心	组织建设反洗钱监测分析二代系统大数据综合分析平台
	北京市金融工作局	利用区块链、云计算、大数据等技术，构建以区块链为底层技术的网贷风险监控系统（探索中）
	证监会	制定了我国资本市场监管科技 3.0 的总体实施方案
第三方 RegTech 机构	蚂蚁金服反洗钱中心	通过大数据搭建起智能反洗钱体系，以挖掘并发现洗钱交易信息
	国家大数据（贵州）综合试验区	提出"主权区块链"和"绳网结构"，在数据资源管理与共享开放、数据中心整合、数据资源应用等方面开展系统性试验
	金丘科技与银联商务	打造中小企业信用链，利用 Fabric 技术建立由金融机构、P2P 以及监管机构共同参与的联盟链，共享中小企业的信用数据

---

① 王勇：《以监管科技优化金融监管力量时不我待》，上海证券报，2018 – 3 – 9。

参与方	机构	RegTech 成果
金融机构	民生银行	与百度云合作建立风险预警模型，管理和预警支付、信贷风险；在移动支付领域运用虹膜识别技术
	交通银行	构建客户识别和审计系统，根据结构化数据进行客户画像，识别异常交易，并进行风险排查和控制
	京东金融	基于完备 KYC 流程的反洗钱模型，提高刻画客户的准确性与完整性
	浦发银行	针对银监会的"EAST"系统，开发数据处理系统，提升数据报送质量，降低成本

四、监管科技的主要挑战

RegTech 虽然是深化金融监管范式改革的重要驱动力，能够实现监管参与者的多方共赢，但现阶段要充分发挥作用，还存在一些挑战。

一是技术上的难点。大数据、云计算、人工智能、区块链等技术在 RegTech 的运用，我们更多是对其理论上的认知，且是一种不全面的认知，而且这些技术模型并不唯一，需要我们去深入探索。监管科技解决方案基于某些预设的假设条件和理论模型，使用软件程序对风险数据进行自动分析，并进行风险预警、提出对策建议、生成监管报告。算法是软件的核心，算法风险是监管科技解决方案的最大风险（黄润，2018）[1]。

二是规则上的难点。我们对数据收集的第一步，是将数据标准化，也就是对应的监管法律法规的标准化，成为目前亟须解决的难题之一。不同监管部门、中央监管与地方监管、地方监管与地方监管之间监管规制指标不同，难以形成对应且唯一的目标函数，金融机构和第三方 RegTech 监管公司没有明确的监管要求及指标体系，从而加大了数据聚合的难度，也就无法实现金融机构与监管机构的数据对接与共享。此外，大多数国家的法律法规和监管规则对金融机构提出了数据保护和数据本地化要求，并规定某些风险数据只能用于明确指定用途，因此，如何权衡隐私保护与信息共享，如何在实时动态监管的同时确保数据的安全性，是一个难点。

---

① 黄润：《监管科技的挑战与对策》，载《中国金融》，2018（5）。

　　三是监管科技的成本高，目前难以大规模推广。主要成本是研究开发成本，软件产品的后期维护费用较低，但前期开发成本较高。由于监管科技需要投入的资金大，需要的人才要求高，这使得一般中小金融机构无法染指，而监管部门资金主要来自财政拨款，周期长，预算有限。这使得监管科技可能最先应用在大型金融机构，当然，为了解决规模经济的问题，也可能由独立的第三方公司来提供。

　　总之，目前 RegTech 仍处于初期阶段，要使监管科技得到广泛应用，需要解决上述难题。科技日新月异，我们期待 RegTech 能够紧跟技术的发展，使人们逐渐从繁杂的金融监管规则制定、监管合规审核中释放出来。

第十七章　监管科技在股票市场中的应用[①]

当下，股票市场各种违法违规等非规范行为频频发生，已成为导致股票市场不稳定的重要因素，股票市场风险又通过业务关联和情绪传染等方式传递给其他金融市场，进而可能引发金融安全问题。而股票市场非规范行为的"伪装性"，又增加了发现非规范行为的难度。如何防范各种非规范行为，成为摆在理论和实践工作者面前的重要课题。非规范行为最终会反映到股票的交易量、交易时间、交易价格及其组合上，即表现为一系列数据信息，可量化、可观察。我们需要借助大数据、人工智能等新技术来发现和识别这种非规范行为，发展到一定阶段，甚至可以利用技术手段对非规范行为直接进行处罚、整改、解除处罚等。

一、股票市场风险的主要来源

现实中，股票市场各种非规范行为频频发生，这是中国股票市场风险的主要来源。例如，"私募一哥"徐翔操纵股市案、"超级牛散"肖海东操纵股市、鲜言操纵股市案、罗向阳内幕交易案、厉建超"老鼠仓"案等。除了操纵股市、内幕交易外，还存在违规信息披露、官商勾结、向不合格投资者销售产品、违规配资（包括不合格的资金来源和不合格的市场主体等）、财务造假等非规范行为。这些非规范行为，部分是利用制度缺陷，通过各种违规行为进行寻租或者牟取暴利（吴敬琏，2002；谢平、陆磊，

---

① 本章主要观点载于刘海二：《大数据与股票市场非规范行为规制：一个分析框架》，载《南方金融》，2017（11）。

2003；Jain，1998)①，部分则仅为利用制度漏洞如国债"327"事件中，万国证券透支卖出国债期货。

虽然股票市场非规范行为五花八门、层出不穷，但归纳起来主要表现为如下几个方面：一是交易主体的非规范性，即不具备交易资格的市场交易主体参与股票市场交易，包括监管者，对于一般市场主体的非规范性，利用大数据技术容易识别并进行相应处罚，关于监管者，一种情况是监管者与被监管者合谋牟取非法利益，另一种情况是监管者打着维护股票市场稳定的旗号，抑或是利用其他政治旗号，占据道德制高点，明目张胆地"操纵"股票市场，这种情形大数据、人工智能等技术虽然可以识别出来，但难以自动进行处罚和整改，这涉及股票市场基本制度问题，仅靠技术难以解决。二是交易行为的非规范性，如内幕交易、操纵股市、老鼠仓等，这种情形大数据等技术容易处理，这也是我们分析的重点。三是交易工具的非规范性，比如 Homs 系统。需要说明的是，交易工具本身不存在是否规范的问题，核心是股票市场相关制度事先要对交易工具的相关属性进行约定。

各种非规范行为是股票市场的"毒瘤""定时炸弹"，潜在风险较大，甚至直接导致了股票市场的大幅波动，引致股票市场风险，如 2013 年光大"乌龙指"事件引起的股市急涨急跌、2015 年的股票市场异常波动等。因此，需要利用新技术来防范和化解各种非规范行为。当然，大数据、人工智能等技术也不是万能的，防范股票市场的非规范行为，还需要通过完善相关基础制度来解决。

二、股票市场风险的传染渠道

股票市场风险主要通过情绪传染和业务关联进行传染。情绪传染主要通过调整公众预期，进而扩散风险，主要表现为"唤醒效应"（Allen 等，

---

① 吴敬琏：《腐败与反腐败的经济学思考》，载《中国监察》，2002（8）。
谢平：陆磊：《金融腐败：非规范融资行为的交易特征和体制动因》，载《经济研究》，2003（6）。Jain, A. K. , 2001. Corruption：a Review , Journal of Economic Surveys, Special Volume of Issues in New Political Economy February.

2006）① 和"羊群效应"（Kindleberger，1996）②。"唤醒效应"是指：一旦股票市场发生风险，会引起市场主体对其他金融市场重新进行评估，其他金融市场如果存在"不尽如人意"之处，则必然受其影响，导致市场情绪急转或风险厌恶情绪的增加，这种情绪传染在互联网和自媒体时代，传播速度会更快，传播范围会更广。"羊群效应"是指：投资者的个人观念或行为容易受到周围群体的影响，当股票市场发生风险事件时，投资者倾向于采取与多数人相一致的决策，进而加剧市场动荡、加速风险传染。在"羊群效应"的作用下，投资者很难对股票市场未来的不确定性做出合理的预期，往往通过观察周围人群的行为而提取信息，这些信息大致相同且彼此强化，很容易由个人理性非行为导致集体非理性行为。

业务关联的传染渠道主要包括：投资者跨时空的投资组合、业务交叉及综合化经营等。关于投资者跨时空的投资组合，一旦股票市场发生风险，投资者会通过财富效应以及资产配置调整等，导致股票市场风险迅速传染。当一个国家的股票市场波动，可能会促使投资者为了风险管理和流动性管理，调整其投资组合，从而进行传染。关于业务交叉及综合化经营，一方面，是影子银行等引起的被动交叉，金融机构本系统内部各分支之间，银行、证券、保险等不同类型的金融机构之间，存在复杂的金融资产负债依赖关系和广泛的风险传染网络，股票市场如果发生风险，可能以某个金融机构为节点、资产负债关系为链条，通过不同金融部门的资产负债，形成金融体系网络，股票市场风险通过此网络进行传播。另一方面，是金融机构自主性的综合化经营。当下，金融机构有向金融控股集团发展的趋势，或者已经成为事实上的金融控股集团，比如，光大集团、平安集团、招商集团等。伴随着金融混业和金融创新的发展，一旦其中某一个节点发生风险，比如股票市场，容易传染到其他金融市场或者部门。此外，在互联网平台上，银行、证券、保险、信托、基金和来自其他行业的机构合作不断加深，逐渐演化出更为复杂的合作模式，跨行业、跨市场金融业务发展再次驶入"快车道"③。

股票市场的交叉传染与复杂关联，不仅放大了股票市场的风险，同时

---

① Alen S. Blinder. How Central Should the Central Bank Be?. Journal of Economic Literature, Vol. XLVⅢ, March 2010.

② Kindleberger C P. Manias, panics, and crashes: a history of financial crises. 3rd ed. New York: Wiley, John& Sons, Incorporated, 1996.

③ 刘利红：《跨行业、跨市场金融创新与金融监管》，载《光明日报》，2014 - 8 - 2。

也为发现各种非规范行为增加了难度，因此，我们需要利用大数据等新技术来防控股票市场的风险，维护股票市场的稳定。

三、监管科技与股票市场非规范行为的规制

虽然股票市场非规范行为五花八门，但万变不离其宗，最终都会反映到股票的交易量、交易时间和交易价格三个变量及其组合上，表现为某种异常交易。因此，可以利用大数据技术"顺藤摸瓜"，找到引起异常交易的源头（非规范行为），提前进行预警。此外，大数据"抓"非规范行为还具有警示和信号显示作用，一旦行为主体预期非规范行为被发现的概率增加，会通过成本和收益的权衡，减少非规范行为，从而达到净化股票市场的目的。具体分析逻辑见图 17 - 1：

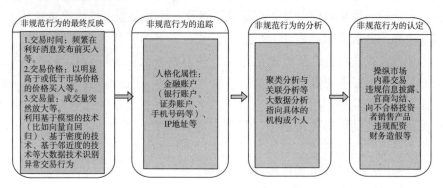

图 17 - 1 非规范行为的识别和追踪

（一）非规范行为的识别

关于大数据等技术如何识别非规范行为，即异常检测与诊断，主要方法有：基于统计学的方法、基于密度的方法、基于距离和邻近度的方法、基于关联的方法、基于聚类的方法、基于模糊集的方法、基于人工神经网络的方法、基于遗传算法或者克隆选择的方法等（周英、卓金武、卞月青，2016；Pang - Ning Tan 等，2011）。核心是利用大数据技术发现离群点，离群点就是不符合一般数据模型的异常点。

异常交易行为主要反映在股票的交易量、交易时间和交易价格三个变量上，这三个变量也是相互联系的，可以相互进行组合。我们主要通过大数据技术来分析在这三个变量上的离群点。在交易时间方面，比如，某市场主体频繁在利好消息发布前买入；或者是在基金公司等机构买入前买入，

在基金公司等机构卖出前卖出；或者是收市或开盘时买入，影响收盘价格或者开盘价格。在交易价格方面，以明显高于或低于市场价格的价格买入，交易价格偏离历史轨迹，交易价格在很短的时间内快速上升或者下降（价格的"加速度"大）。在交易量方面，主要表现为交易量突然放大（成交量的"加速度"大），或者持续一段时间连续性买入某只股票。这些异常交易行为，都可以通过大数据等技术识别出。

（二）非规范行为的追踪

识别非规范行为相对比较简单，但要追踪非规范行为来自具体哪个机构、哪个个体，难度较大。

通过大数据观察到某只股票存在异常波动，就需要对其进行进一步分析，分析其异常波动的成因，权力引起股票异常波动具象化的市场主体，即需要找到引起股票异常波动的人格化属性。现实中我们知道账户（银行账户和证券账户、电话号码、"虚拟账户"）、IP地址等具有人格化属性，通过其可以找到具象化的市场主体。然而诸多交易行为都具有一定的隐蔽性，比如，化整为零、分散交易、利用他人账户进行交易等，这里我们的分析仅指向"表面"的人格化属性。

关于账户，其核心功能是记账，目前大多记账方式属于集中式记账（即存在一个中心主体）①，账户在一定程度上能够集成个人的所有业务和所有资产负债，并且是个人金融活动乃至日常生活的出发点和归属，其具有身份认证功能，能够归拢信息。既然账户具有身份认证功能，就可以通过对账户的分析发现"蛛丝马迹"。

目前，银行账户必须进行现场开户，证券账户已经实现了远程开户，利用生物识别技术、云脉身份证识别技术、交叉验证等来确定客户身份。银行账户和证券账户都是强实名制的，并且都是唯一的，即银行账户和证券与某个具象的个人具有一一映射的功能。证券账户主要是信息流，银行账户主要是资金流，可以对信息流和资金流的信息进行深度挖掘，找到相关线索。

手机号码也具有唯一性，而且，我国已从法律制度层面和技术层面保证了手机号码实名制的实施。

关于虚拟账户，其实质是账户提供者分配给客户的一个有效代码，而

---

① 当然，也存在一些去中心的记账方式，如利用区块链技术进行记账。

客户所持有的号码可能是手机号、QQ 号码、邮箱等这些易记的账号，这些号码与提供者分配的代码相关联。我们认为虚拟账户具有如下特征：一是客户身份的虚拟性，虚拟账户是弱实名制，但能够通过 IP 地址、行为分析等来强化其人格化属性。二是资金的虚拟性（这一条不要求所有虚拟账户都满足），表现为登记在中介机构的数字，是一种记账符号，而不是真实的货币，主要以中介机构的信用作为担保。

在对行为主体证券账户、银行账户进行分析的基础上，进一步对行为主体的手机号码（账户）、虚拟账户进行分析，可以形成交叉验证，对原有证据进行加强或者补充。

行为主体进行股票交易，必须通过互联网进行，我们可以追踪发出交易指令的 IP 地址（IP 地址是一一对应的，但行为主体可能会修改 IP 地址，具有弱人格化属性），找到具象化的行为主体。此外，对 IP 地址进行分析，可以在一定程度上发现利用他人账户化整为零进行交易的情况，行为主体为了图方便，可能会通过同一个 IP 地址来完成多笔交易。

（三）非规范行为的认定

由于行为主体会隐蔽自己的行为和身份，因此，需要在账户分析的基础上，利用大数据技术对交易行为进行复盘，对行为主体进行"画像"。行为主体包括机构行为与个人行为，可以从如下维度区分：一是账户，二是交易指令，三是收益的归属。当然，个人行为可能隐藏或者包含在机构行为中。不管是机构行为还是个人行为，只要是非规范行为，都是我们分析的对象，具体分析时不再做区分，把二者统称为市场主体。

对市场主体行为进行分析，首先需要对市场主体进行聚类，由聚类所生成的簇是一组数据对象的集合，这些对象与同一个簇中的对象相似度很高，相似度是根据描述对象的属性来度量的。聚类分析方法主要有 K – 均值、层次聚类、神经网络聚类、模糊 C – 均值、高斯混合聚类等。我们认为市场主体的聚类，其属性主要是社交关系，如同学、同事、朋友及其衍生关系，市场主体的关联交易、隐蔽行为等主要通过上述社交关系来实现。

在聚类分析的基础上，需要利用市场主体的行动轨迹，对市场主体进行"画像"。通过市场主体的人格化属性特征和诸多动点的信息（行动轨迹），可以初步勾画出市场主体的基本轮廓。前一部分分析了市场主体的人格化属性，这一部分主要分析市场主体的行动轨迹，主要包括市场主体的股票交易行为信息、手机通话信息、汽车（出租车、网约车、共享车）、自行车，飞机、火车、酒店（不同地方的酒店看成一个动点）等，以及与个人和机构往来密切的个人等，通过这些动点来形成一个轨迹，完成对用户的"画像"。通过对用户"画像"，还原交易过程及其细节，并结合市场主体的人工化属性，进而找到非规范行为的源头。

（四）监管科技的实施步骤

第一步，数据搜集。主要是交易所交易数据，目前交易所的预警系统主要是这类数据。但要做大数据分析仅仅有这类数据还不够，还需要从外部搜集各类数据，包括政府内部各部门之间的数据、网络交易行为数据（包括社交网络平台、电子商务平台以及其他各类网站上的数据）等。

第二步，数据集市。包括数据源聚合、清洗转换、数据补充、数据储存。

第三步，建立模型。包括建立各种计量分析模型在内的各种大数据分析模型，再把这些模型转换为机器学习的算法，包括监督学习、非监管学习、无监督学习、增强学习等。

第四步，结果反馈。核心是输出各种标签体系，包括给出是否存在异常交易行为，存在异常交易行为时筛选出哪些市场主体是可疑的市场交易主体，并给出相应预警与提示。

第五步，监管跟进。监管部门根据大数据分析结果，并辅助以人工核查，给出法律意义上的因果关系，并据此对市场主体进行处罚，当然在人工智能发展起来的基础上，也可以通过系统自动进行处罚，并要求市场主体进行整改。

四、几点建议

我们认为，发展监管科技需要在解决"信息孤岛"的基础上，强化信息监管、舆论监督、监管协同的重要性。

第一，重视股票市场的信息监管。关于信息监管，核心在于对信息的管理。主要是指通过互联网，对市场主体相关的信息进行充分及时披露的基础上，利用机器学习、搜索引擎等技术对信息进行动态排列，个体通过"大众点评"原理对相关的信息进行点评，对市场主体披露的信息进行筛选和去伪存真，在信息充分准确的基础上，监管部门或者行业自律组织进行动态监测，若发现异常行为或者违反有关规定的行为发生，对其进行重罚。

总之，可以通过人工智能、大数据等技术自动识别各种非规范行为，条件成熟时，可以通过人工智能自动进行识别、处罚、整改和解除处罚，代替监管者的一部分职能，人工智能可能比人来监管更有效，因为金融监管不涉及人类的感情、文化、政治思想等因素，所以人工智能可以胜任。

第二，强化对股票市场舆情的监测。关于舆论监督，核心是管理投资者的情绪。基本路径如下：社会舆论（讨论发酵）—市场媒体（汇总表达）—官方媒体（个别问题一般化）—监管部门（给出处理意见）—官方媒体（宣传解读）。监管部门可以根据市场主体、事件和时间等主题检索和提取信息生成报表，比如以某一投资者为关键词查询其股票交易记录、手机关联账号发表的社交言论和从移动客户端获取的地理位置变化等，获取内幕交易的证据。

第三，强化不同部门之间的监管协同。关于监管协同，核心是对交叉关联业务的监管，是信息的共享。由于利用大数据进行预警需要多方面的数据，不仅包括金融监管各部门，还涉及国家网信办、工信部、工商局等非金融监管部门，因此需要监管协同。此外，还需要外部数据，如社交媒体、电子商务交易平台、航空公司、共享经济平台、酒店等信息，需要公安部门的配合。

后 记

2012 年我们提出互联网金融这一概念后，互联网金融各个形态如雨后春笋般涌现，一些市场主体纷纷涉足互联网金融，比如，一些上市公司通过并购打造互联网金融的概念，以此来提升股价，再如，一些民间机构纷纷开展互联网金融，尤其是 P2P、众筹、互联网金融产品销售等，而金融机构则纷纷更加互联网化，成立网络金融部门，发力互联网金融。2012 年后中国互联网金融发展迅猛，开始传递到国外，出现了 FinTech 一词，中文译为金融科技，金融科技与互联网金融"同族同宗"，但内涵更加丰富。这一时间，我们相继发表一系列论文，来充实和完善互联网金融体系。

互联网金融在高速发展的同时，也带来一系列的问题，比如，打着互联网金融的旗号坑蒙拐骗，搞非法集资，搞集资诈骗，再如，纯粹是炒作互联网金融概念，以此来获得风险投资的青睐。可以说，这一阶段互联网金融鱼目混珠，人们纷纷闻其色变。有鉴于此，中国政府从鼓励发展互联网金融转到规范互联网金融，重拳整治互联网金融乱象，开始为期几年的互联网金融专项整治，至今尚未结束。这一阶段，我们重点关注互联网金融的监管问题，关注监管科技的问题。

本书的内容，一部分我们已公开发表在学术期刊上，一部分是刘海二的博士论文，一部分是我们近期的一些思考。通过本书的出版，我们期望能给理论界和实务界带来一点启迪，但囿于我们学术水平有限，本书难免有纰漏，欢迎大家批评指正。

本书的出版得到了大家的支持，我们对此表示衷心的感谢！

谢平　刘海二